生産性向上はこうする

平石奎太

幻冬舎MC

生産性向上はこうする

目次

はじめに

この著書は、私の経営コンサルティングの中から「事例に学ぶ」と題して北大阪商工会議所所報〝NORTH〟に連載した記事が１００回に及んだのを機会に、幻冬舎ルネッサンス新社様のご支援を得て国内企業、特に中小企業の利用に供すべく出版されることになったものです。

内容は、製造業のみならず、販売業、運送業、造園業、サービス業等々、多業種にわたり、具体的な成功事例を掲載しています。


企業は今まさに〝働き方改革〟を求められています。然しそれは、申すまでもなくただ徒に形だけの改革を導入しても成果が上がるものではありません。生産性向上によって経営体質を強化してはじめて可能になります。

一方、生産性向上とは言っても、特に中小企業では一体どのように進めるのか、どこから手を付ければよいのか理解できずに困っておられる会社が多いのではないでしょうか。

この小冊子は、そんな期待に応えることを願っています。前述の通り事例は業種を問わず、規模の大小を問わず多方面にわたっています。その中から生産性向上に成功する共通の視点やヒントをつかんでいただければ、必ずや読者企業の生産性向上の成功に寄与すると確信いたします。

ご参考のため、私が三洋電機在職中に事業部を再建した経緯を紹介します（詳細は〝三洋電機事業部改革感動の軌跡―折り重なって前へ行け―〟日刊工業新聞社版）。改革手順をご理解いただくうえでご参考になれば幸いです。

当時、事業部は、毎年品質不良を起こし、営業第一線の信頼を喪失するという深刻な状態でした。そこで営業の責任者で製造の経験がなかった私があえて志願して、7月21日付という異例の時期に事業部長に就任しました。

赴任してみると、状況は予想以上に深刻でした。不良返品された売り物にならない商品が、新設した倉庫に積み重なって蔵置されていました。これを資産計上していましたので表面上は黒字でしたが実質は大幅な赤字経営でした。

また今、働き方改革で問題になっている残業は、〝残業代で車が買える〟という風評が立つほどの状況で、社員は多忙を極めていました。更には工場の周囲にはたばこの吸い殻が散見されるという状態だったのです。

これを、製造経験のない私がいかにして改革再建するかが問題でした。


課題の第一は、社員の意識改革でした。

その年の十一月、製造部の起案で4Ｓ（整理、整頓、清潔、清掃）を導入しようとして先生が現場視察に来られましたが、まず先生に4Ｓの進んだ工場を紹介していただき見学会を行うことにしました。製造のメンバーを中心にバスで2回に分けて合計120名の見学会でした。

結果は大成功で、社員は「本当に自分たちで工場を変えていいのですか」と言いながら嬉々として改善に取り組んだのです。そして、現場視察から一か月経過した第一回4Ｓ研修会で、視察の時には「これは初歩からのやり直しが必要だから改善には時間がかかりますよ」と言われた先生が「僅か一ヶ月でここまで変われるものか」と驚嘆されるほど工場が変わりました。

改善をして環境が変わり、変わった環境がまた意識を変えるという好循環で、改革に向かう社員の意識は日に日に変わり高まっていきました。

〝改善の行動が環境を変え意識を変える〟

〝変えた環境がまた意識を変える〟

ことを実感した経験でした。

第二の課題は、工場の残業過多や品質不良に代表される〝生産性悪化の核心的原因は何か〟ということでした。

原因は多々考えられましたが、核心的原因は取り扱い機種の多さでした。トップメーカーに比して売り上げは半分で機種の数は2倍、一機種当たりの生産性はなんと四分の一だったのです。そこで、2年間で機種数を二分の一にするという目標を設定しました。然し営業第一線からの抵抗は極めて大きく、営業の窓口で対応した担当部長には大変苦労を掛けました。それでも機種数の削減が生産性を高め、競争力を強化し、ひいては顧客満足度を高めるためのカギになると確信していましたので決して機種数半減の方針がぶれることはありませんでした。

結果、赴任して初年度に単年度黒字を達成、2年後には機種数半減に成功して、残業ゼロ、品質大幅改善を果たし、取引先に「〝燃える軍団〟になりましたね」と言われるようになりました。

以上、私の事業部改革の経験を述べましたが、実は今私が企業の生産性向上を支援しているのも同じ視点や手順に依っています。

読者の皆様にはこの小著に掲載した生産性向上の成功事例を通じて、その基本的な視点や手順を読み取っていただければ幸いです。そして、読者企業様の生産性向上に、ひいては真の働き方改革に資することになればそれに勝る喜びはありません。

次に、生産性向上、或いは競争力向上を進める基本的な手順を原則論として整理して記述します。

第一、生産性向上を遂げる核心的問題を把握する

・経営の視点で検討する

・顧客満足度向上の視点で考える

Q：品質、商品、技術

C：生産性、価格競争力

D：納期、工期

S：サービス（サービスはスピード第一）

・競争力強化の視点で考える

・的確な現状分析に基づいて検討する

第二、目標を設定する

・目標は数値で　―数値であればこそ成果をチェックできる―

・挑戦的で大きな目標を設定する
・大きな目標ほど課題が見える、社員の力を引き出せる

第三、目標達成のための具体的行動計画を立案する
・ダレが、いつ、どこまで、やるかをスケジュール化する
・全員にもれなく役割を分担させる

第四、達成状況を毎週、或いは毎月チェックする方法を計画する
・グラフや、色表示など〝見える化〟の工夫をする
・達成状況を全社員に公示する、人は公開されたものに優先して取り組む
・チェックが達成を約束する、チェックをしなければ達成できない。

第五、社長以下全員参加で取り組む
・社長の強いリーダーシップがあればこそ社員のやる気を引き出せる
・組織横断的に活動する、組織間にも問題が多く組織間の協力が不可欠
・全員でやるから会社が変わる、自分だけやっても変わらないと思っている

この小著は、すべてを読まれる必要はありません。関心のある個所を選んでお読みください。何らかのヒントが得られるものと確信いたします。一社でも多くの企業様が真の生産性向上を

遂げられ、働き方改革に成功されることを心より切に願っています。

令和二年六月　平石経営研究所代表　平石奎太

第1章　実例で探る改善策

1 A工業・中国工場

1、購入部材の品質改善に着手

社内の体制が一応整ったのを機に購入部材の品質の改善に取組むことになりました。

先ず納入業者ごとに品質の状況を整理してもらいましたが、調べてみると意外にも中国の子会社の品質が最も悪いことが分かりました。そもそも中国工場の真の狙いはコスト競争力の強化にあったはずですが、それがグループの足を引っ張る結果になっていたのです。

2、全社上げて指導にとりくむ

早速、経営会議で審議され最重要課題として全社を上げて改善に取組むことになりました。指導の内容は次の通りでした。

(1)社長と関係部長が毎月訪問し、指導する
(2)必要に応じて、製造の技能職など関係する担当者が訪問指導する
(3)本社工場で成果を上げた製造部長が中国工場の製造部長として出向する

まさに全社を上げた指導体制で、その後１年間に投入された人と時間は膨大なものでした。しかしそれにも拘らず本社の受入検査で見る限り、なぜか指導の効果は現れませんでした。それどころか指導開始１年後の４、５月には８％、７％とそれまでの２倍の不良率になってしまったのです。

３、成果が上がらなかったのはナゼだったか

そのような状況下で、社長から「１度現地の工場を見て欲しい」との要請を受け、社長と調整して６月末に２泊３日で中国工場を訪問することになりました。

２泊３日で何が出来るかも問題でしたが、それ以上に１年間の全社上げての指導だったにもかかわらず成果が上がらなかったのはナゼなのか、その原因を把握することが重要でした。

品質保証部長に見せていただいた３月に実施した「品質監査報告書」、それは39項目に及ぶ綿密なものでしたが、結果は○が３個、△が17個、×が19個というもので、明らかに改善が思うように進んでいないことを示していました。

指導の内容に問題はなかったのに成果が上がってないのはなぜか、それが問題だったのです。

私は、一連の事情聴取を通してその原因を想定し、社長に２泊３日の計画書を提出しました。

意図した内容は次の通りです。

(1)幹部とディスカッションして目標を設定する
・品質の現状値（初期値）を調べる
・工場全体の12月までの不良率の改善目標値を設定する
・それを達成するための部門毎の行動目標を設定する

(2)有効な「アクションプラン」を作成する
・誰が、いつまでに、何をするかを決める
・役割を全員に割り当てる
・達成状況を毎月チェックする方法を織り込む

(3)目標達成に向けて全員参加で活動するための準備を計画する

このようにして2泊3日の訪問を終え活動がスタートしました。その結果、現地の熱心な取り組みもあって、目標をはるかに上回る成果を上げることができました。1例を示しますとグラフに示すとおり加工工程の直行不能率（途中手直しも不良に算入する指標で、不良率より問題点が明確になる）は10％から0・33％と実に1／30になったのです。

加工工程直行不能率（図１）
（６月初期値：10％　12月目標値：５％以下）

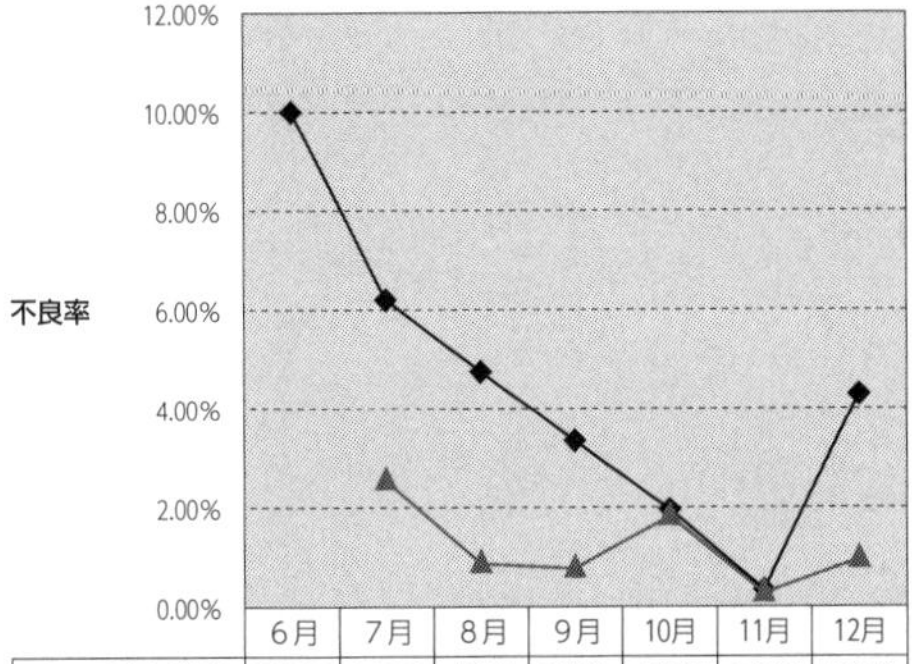

	6月	7月	8月	9月	10月	11月	12月
◆ 直行不能率	10.00%	6.20%	4.75%	3.33%	1.96%	0.33%	4.30%
▲ 不良率		2.53%	0.88%	0.78%	1.81%	0.28%	0.95%

1年間の指導に欠けていたものは何だったのか、それは前記の3項目だったのです。そして一旦欠けていたものが満たされた結果、それまで1年間の指導内容が見事に結実したのでした。

〝立てた計画を確実に実行する〟そのための〝仕組み〟が会社の体質を改善し強い会社にするカギなのです。

●教訓
目標（計画）達成のカギは
⑴目標設定
⑵アクションプラン
⑶全員参加

2 B精工・不況下で最高益の更新を続ける

5年前には営業利益の黒字安定化が課題だったB精工が、リーマンショック後の大不況下のH22年決算期に全社員に特別賞与を支払い、尚且つ実質8％を超える営業利益率を達成しました。そして今、〝生産性倍増〟へ向けて次の3ヶ年計画のスタートを切っています。

改革を通じて大きく成長した社員一人ひとりの〝高い意識〟が会社の成長を支え、社長を中心に大きな目標に挑戦し、改革を通じて更に社員が成長するというよい循環が生まれています。

1、意識改革は4S（整理、整頓、清潔、清掃）から

4Sは改革・改善の基本です。会社の良し悪しは「4Sと出勤率でみる」とは多くの企業を買収して成功してこられた日本電産社長の言葉です。自分の身の回りを整理整頓できなくてよい仕事ができるはずがないということです。

5年前のB精工も取引先に「汚い」といわれその汚名を返上することが差し当たっての課題でした。その工場が僅か1年で大変身したのです。そして今では日本を代表する世界的な企業や、省庁幹部の行政研修の見学コースになるなど、外部の評価が日に日に高まっています。

僅か1年で職場が大変身したのはナゼ？

要点は

・社員を教育して

・社員の力で

・社員が協力し合って自主的に改善する「仕組み」をつくること

そのために私が行ったことは次の3点でした。

(1)4Sの進め方の講義

(2)PDCAをまわすアクションプランの作成指導

(3)4Sのゴールのイメージを写真で見せる

2、〝高い目標〟が会社を変える

抵抗にあった生産性〝30％UP〟

支援が始まった当初、製造部に生産性〝30％UP〟の目標設定を提案しました。当時月産500万個だったのを1年後に月産650万個にしようというものでした。しかしそれが「それは不可能です」との製造部の抵抗にあいました。

設定したいのは、初めからできるとわかっているレベルの目標ではありません。簡単には達

月別生産個数推移

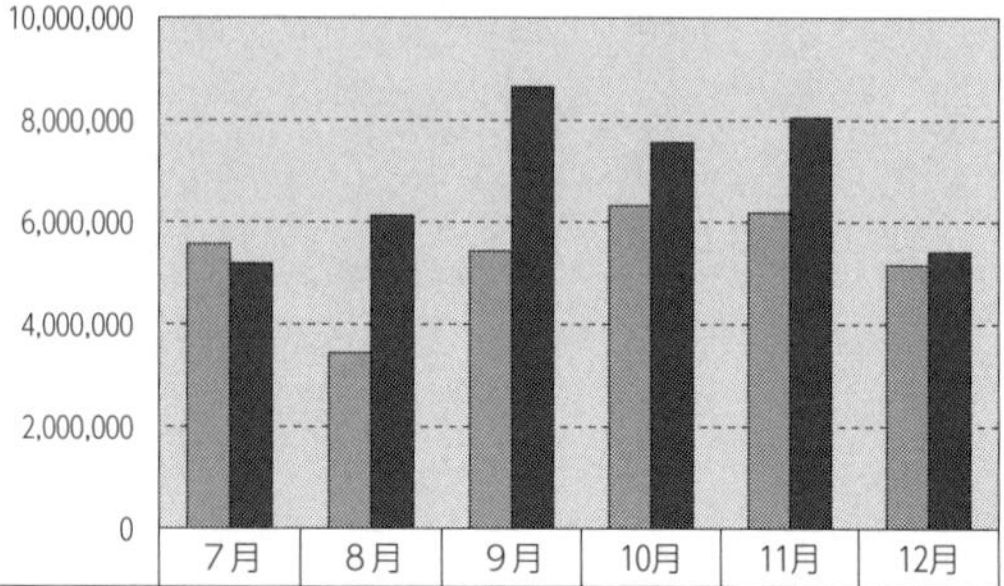

	7月	8月	9月	10月	11月	12月
前年同期	5,566,400	3,440,260	5,432,100	6,320,200	6,180,700	5,160,020
2005年度	5,190,050	6,123,150	8,653,100	7,569,200	8,053,460	5,416,253

成できそうにない高い目標です。私は支援の経験からB精工でも、必ず30％程度の改善はやってくれるものと確信していました。期間は1年あります。その間目標を追い続ければ打開策は必ず見つかるものなのです。

製造部の回答は「5％なら出来ます」というものでした。改革・改善に抵抗はつきものです。又、多くの企業で5％～10％レベルの目標設定が通例になっているのも事実ではないでしょうか。結局、目標を「10％以上」とし「以上」を強調して活動はスタートしました。

僅か3ヶ月後に月産850万個、前年比70％UPを達成しました（グラフ）。

私が対策の立案についていつも強調してい

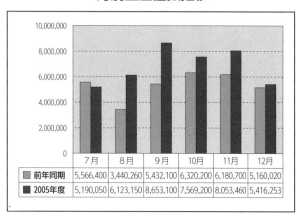

ることは、社員の「ガンバリ」でやるのではなく、機械・設備や治工具の改善、作業方法など、仕組みの改善によって目標を追求することです。改善の方法はいくらでもあります。ですから「知恵と工夫」でラクして生産性を上げる発想が重要です。そして、その仕組みが変われば、それが会社のノウハウや体質となって確実に蓄積されていきます。

そのような思いをこめてB社の活動は始まりました。着々と改善が進み、少しずつ成果も上がっていましたが、受注が順調に伸びたこととあいまって、僅か活動3ヶ月目に月産〝850万個〟を達成しました。単月では初期値の実に70％UP、いうまでもなく月産新記録でした。

何が効果的だったか責任者に聞くと、次の2点を指示したとのことでした。

・退社後の無人運転を思い切ってかける
・壊れてもいいから、機械の回転数を思い切って上げる

製造部が単なる「ガンバリ」ではなく、又「熟練と経験」に待つのでもなく、「機械設備の使い方の工夫」によって生産性を大きく向上できることに目覚めた瞬間だったと私は思っています。事実これを契機として製造部門の改革は一気に進みました。

●教訓
1、意識改革は「4S」から
2、高い目標が会社を変える
3、「ガンバリ」より知恵と工夫で「仕組みの改善」

3 B精工・生産技術開発と商品開発

1、〝やれるじゃないか〟社外との交流と部門間の協力

それまで出来ないと断っていた商品が、機械の使い方の少しの工夫や改良で造れるようになりました。機械メーカーからの技術者のスカウトがきっかけでした。

第2工場の製造係長と技術者が、機械部品の改良に関する研究成果を京都大学で学会発表を行いました。会社にとってそれまでは想像も出来なかった快挙でした。それは県の研究所との共同研究の成果でもありました。

こうしてB精工では、社外からの人材の補強や、大学や技術研究所との共同研究など、社外

との交流が大きく実を結ぼうとしています。広く社外に視野を開き、社外の知恵を活かして壁を破る、そのようにして次の大きな発展の可能性が生まれているのです。

社内にあっても、機械工場と、製造部や第２工場、その他の関係部門が組織を横断して協力し、新たな生産技術の開発に取組むなど、技術開発の芽が膨らんでいます。新製品や新技術の開発こそが、不況の壁を破り更なる飛躍を約束してくれるのです。

２、生産技術の開発・製造部の活動２例

自動機による機械加工を行っているＢ精工にとって、生産性の向上を図るためには機械の改良は避けて通れない重要課題です。現場の社員が自らの機械を、どこに着眼し、どのようにして改良し、稼働率を改善していったか、二つの事例を紹介します。

（事例１）〝治具による調整〟で、装置の稼動率を一気に2倍に

ある製造グループでは、機械の改良に当たって、機械の低い稼働率に着眼しました。稼動率を下げている原因は何か。機械の停止の原因は何かが検討されました。

そして、部品供給装置の稼動率が僅か50％であることに注目したのです。当然のことながら、機械本体の稼働率はそれ以下になっていました。そこで部品供給装置の停止の原因を調べてみ

ると、装置が高価なために、一つの装置をサイズの異なる幾つかの商品の加工にムリして多用していることが原因であると分かりました。

サイズが違うために、商品によってはスムーズに流れずに、引っかかって装置が停止するという現象でした。従って、商品のサイズごとに専用の装置をつくれば、引っかかりは解消して稼働率は一気に2倍（100%）以上になるはずでした。問題はその装置が高価なため、専用化によるコストUPは採算上認められないことにありました。

グループでは、いろいろ検討した結果、サイズを調整する冶具を作成し、商品ごとに冶具だけの交換で専用装置と同じ効果を上げることにしたのです。その結果、装置の稼働率は2倍の100%に、機械本体の稼働率も一気に大幅改善できたのでした。

（事例2）調整時間（段取り替え）の削減

他のグループでは機械停止の主たるものは、機械の調整時間（段取り替え）であることに着眼しました。

微細な加工であるため、商品切替時の機械の調整に多くの時間がかかっていました。中には8時間かかっていることもありました。この調整時間を何とか削減できないかと考えたのです。

検討の結果、先ず調整の回数を減らすことがとりあげられ、実態が調査されました。その結

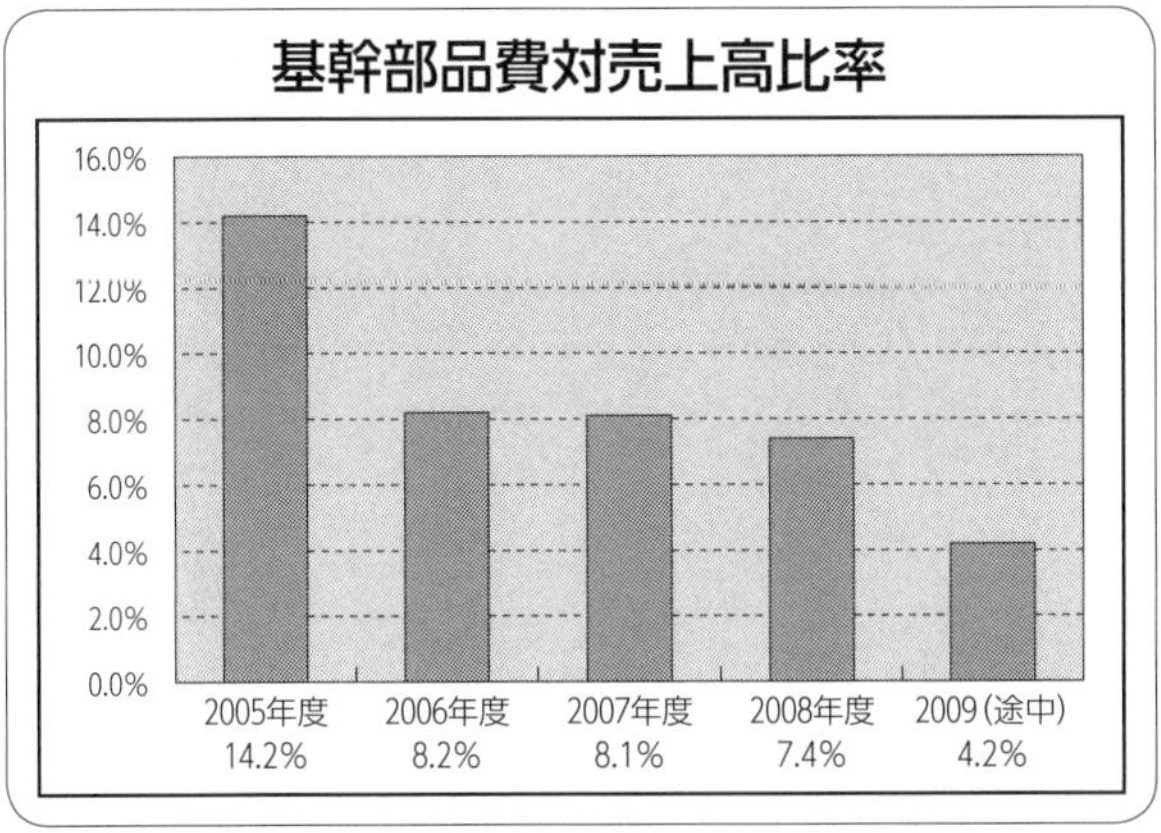

果、調整作業は、商品の切替時以外にも、

・機械の基幹部品の消耗、破損による機械停止時の再調整

があることが分かりました。

当該基幹部品の寿命の改善（目標2倍以上）に取組む。

基幹部品の寿命改善は社外の協力も必要で地道な忍耐の要ることでしたが、努力の甲斐あって調整（段取り替え）による機械停止時間は大幅改善し、同時に対売上高部品費率は4年目に14・2％から4・2％（但し今年度途中経過）と大きなコストダウンにも成功することになりました。

今も更なる改善に向けて活動が続いています。

●教訓
1、〝開発なくして飛躍なし〟社外の知恵を活かして、技術の壁を破れ
2、〝バイタル・フューを探せ〟急所を押さえて大きな成果

4 C熱処理会社・〝人手が足りない、人を入れても足りない〟

C社は創業以来、そして現不況下の売上激減の中でも黒字を維持し、且つ自己資本比率80%を維持する優良な中堅の熱処理会社です。私への依頼のあった当時も経営は順調とのことでした（2004年12月）。

1、〝人手が足りない、人を入れても足りない〟のはナゼ？

〝納期（受付→出荷の工期）短縮〟が最重要、社長の考えは明快でした。

納期が遅れるための問い合わせに対する対応、出庫時の混乱などが多忙の大きな原因の1つだったのです。

当時、大手企業では在庫圧縮の動きが急で、しかも週ごとに生産計画を確定するという週次生産計画が導入され、部品会社に対する納期の要請がますます厳しくなっていました。又、表面処理は部品製造の最後の工程に当たるため、納期のしわ寄せがかかり緊急品も多いという事情もありました。

また、〝短納期受注をいかにスムーズにこなすか（部品製造業の共通のテーマ）〟が競争力の生命線でもあり、競争優位を確立するカギでもあったのです。

2、納期（工期）短縮に直ぐには取組めず

早速、納期（工期）を30％短縮する目標を設定すべく検討が始まりました。然し、初期値（現状値）を把握する段階で、直ぐには納期短縮に取り組めないことが分かりました。

・納期とはなにか
・納期の計算起点をどうするか
・工程ごとの進捗度の把握のしかた
・外注加工の納期の問題、等など

納期短縮に取り掛かる前に整理しなければならない問題が多いことが確認されたのです。

3、先ずは「納期管理システムの確立」から

納期は会社の総合力の指標であるといわれています。受注から加工、納品まで会社の全部門がかかわっているからです。それだけにそれぞれに取組むにはある程度各工程の合理化が進んでいることが望ましいのです。

丁度その頃、それに先行して〝納期管理のITシステム〟が導入されたのですが、そのシステムを軌道に乗せるための活動を含めて「納期管理システムの確立」に取組むことになりました。

4、納期クレーム対策の第1は「工程の進捗度の把握」と「事前の連絡」

納期遅れのクレームの原因の一つは、お客様への連絡が遅れることです。工程の進行状況を把握して、遅れそうなときには事前にお客様に連絡し調整を図ることが重要で、それによって問題を未然に防げる場合も多いのです。

C社では、関係部門によるCFT（組織横断チーム）会議が随時開かれ、問題を処理しながら活動が進みました。

5、「納期管理手順書」を作成

早速「工程内納期管理手順書」が作成され、それによって、製造部では1日3回、顧客要望納期と工程の進捗度を確認し納期確保の見通しを把握することになりました。

C社では、管理のルール化や規程類が大変進んでいて、上記「手順書」もいち早く作成され、その実行状況が定期的にチェックされ定着していったのは流石でした。C社では、作成したルールの実行に力点が置かれていて、日頃ルールの「確認、徹底」が強調され早期に定着することがC社の強味になっていました。〝手順を間違いなく実行すること〟を担当者に記名して誓約させる「納期変更手順の履修証明」の存在がそのことを如実に物語っています。

このようにして、納期管理の整備が進むと同時に、納期に関する社員の意識も高まっていきました。その間の事情はC社が定期的に行っている「顧客満足度調査」にも表れています。

納期管理の整備が一段落して、いよいよ本来の目的である「納期遅延率の改善」に取組むことになりました。

・目標は重点2種類の加工の「納期遅延率の改善30％以上」と設定され
・部門間の連携の強化と連携不良によるムダの排除
（通常、正味作業時間より連携不良や手待ちのムダのほうが大きい）
・ネック工程中心の作業改善

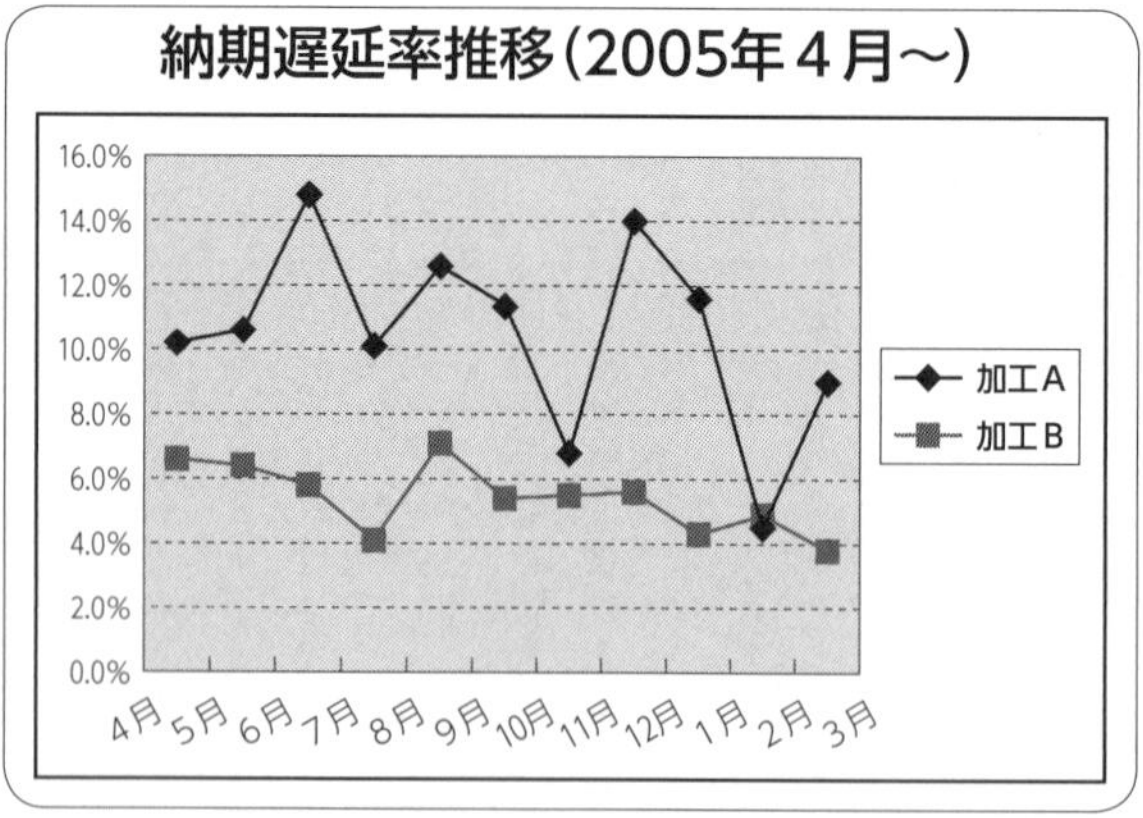

などが具体的に進められ納期遅れによる混乱が解消されていきました。その結果はグラフに示される通りです。

●教訓

1、〝納期〟は会社の総合力

2、〝納期短縮〟は各工程の進捗管理から

3、〝部門間の連携〟も改善の大きな要素

5 受付けミスの改善

1、締めくくり・3年目の下半期

前述のようにして納期の改善をはじめ、いろいろの改善が進みましたが、支援最終年の

図 対策は源流で（1－10－100の法則）

設計	製造	市場
1	10	100

品質などの不具合を、設計で発見して修正した時のコストを「1」とすると、製造後の修正コストは「10」に、市場に出荷後の修正コストは「100」になるという法則です。

3年目の下期の活動を行うことになり、目標がそれぞれ次のように設定されました。

受付けミスの削減　50％以上
改善は〝源流に手を打て〟、半年で目標突破

作業ミス削減の原則の1つは〝源流に手を打つ〟ことです。受付けのミスは、その影響が後工程の全てに及び大きな混乱の原因になります。ミスに気がついたら前工程にさかのぼってやり直す、つまり〝仕事の逆流〟のムダが発生します。受付けは仕事の最初の工程だけにミスの影響が大きいのです（図）。

グループでは、いろいろある加工の中から代表的なものを一つ取り上げ、目標を「受付けに於ける指示ミスを50％以上削減」と設定しました。

指示ミスは「**数量ミス**」「**外観品質ミス**」「**荷姿ミス**」に分類さ

れ、それぞれ現状を把握し活動を開始しました。経過はグラフに示すとおりです。「数量ミス」が9月から、「外観品質」が11月から改善されているのは、それぞれ

・数量確認の対象を拡大したこと（部品によって計量の仕方が異なる）
・外観品質の指示基準を明確化し治具の改善を行ったこと

が効果的でした。

10～12月には、7～9月に比較して、合計件数で26件／月から12件／月に、処理数に対する比率で2.4%／月から1.1%／月へと、早くも50%以上削減の目標を達成しました。

2、目標を上方修正　〝ミス「ゼロ」〟に

早々と目標を達成しましたので、更に改善を進めるべく、1～3月は「ミスをゼロにする」という新たな目標に挑戦することを提案しました。

前述の通り、C社にはルールを守り注意・確認を徹底することを重視する企業文化があり、活動初期の成果は主としてその注意・確認によるものが大きかったのです。然し、注意・確認だけではミスを「ゼロ」にすることは出来ません。

人はミスを犯すものとの前提に立つことが大事です。そう考えると、ミスを「ゼロ」にするためには、

受付け指示ミス推移

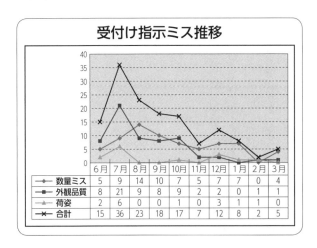

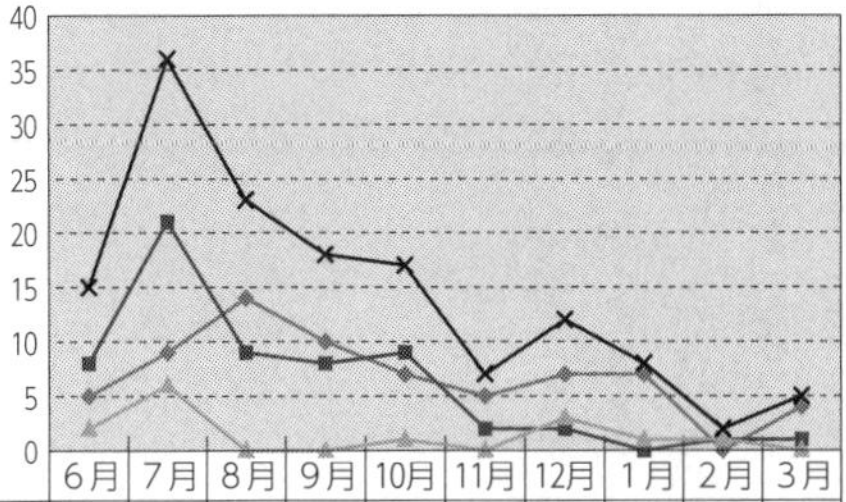

	6月	7月	8月	9月	10月	11月	12月	1月	2月	3月
数量ミス	5	9	14	10	7	5	7	7	0	4
外観品質	8	21	9	8	9	2	2	0	1	1
荷姿	2	6	0	0	1	0	3	1	1	0
合計	15	36	23	18	17	7	12	8	2	5

・仕事の仕組みを変え
・仕事の仕方を工夫し
・機械・治具などを改良する

ことが重要であることに思い当たります。仕組みで解決してこそ、「ゼロ」を実現し確実な再発防止が可能になるのです。「ゼロ」の提案は、まさにその意識の転換を促すことが狙いでした。

1例を紹介しますと、現場の受付け担当のパート社員に「皆さんの努力で受付けのミスが月に数件まで減ってきました。これをゼロにするためにはどうすればよいでしょうか」と聞いてみました。担当者は意外な顔つきで、「毎日20～30件のミスをして課長から戻されますよ」と答えました。思わぬ返答でした。そこで受注書を発行する基になる発注書を見せていただくと、書いてある文字が乱雑で読めないものが多いことが分かりました。数字さえもそうでした。受付けミスの大きな原因の1つが読みにくい文字にあったのです。そのようにして仕組みの改善が進みました。

・注文書に文字を書かずに幾つかある中から選択してもらう工夫
・数を正確に数えるための冶具の工夫
・太文字のキーボードの採用etc.

その結果、1~3月には更に改善され、平均5件/月、処理数対比0・55%になったのでした。又1回だけではありますが、2月には数量ミスが初めて「ゼロ」になりました。

●教訓

1、ミスは源流で断て　〝一―一〇―一〇〇の法則〟

2、〝改善は仕組みの改善で〟　〝確認と注意の徹底〟では再発防止にならない
「目標　ゼロ」が壁を破った

3、最終月、遂に目標突破
目標あればこそ、〝目標が人を動かし、目標が力を引き出す〟

6 D道路舗装・造園業・売上低下と経費増

〝道路舗装という公共事業削減下の代表的な不況業種にあって、造園事業を新規に立ち上げ、環境の変化にうまく対応して生き残った小企業の事例〟です。その再生のプロセスを紹介します。

２００８年４月に支援の要請を受けました。社長の要請の主旨は、
①道路舗装の売上高回復はどうすればよいか。
営業は、５％値引きすれば売上は伸びると言うが、どのように対処すべきか。
②道路舗装部門の売上減に対処すべく、ガーデニング部門を新規に立ち上げたが中々軌道に乗らない。どうすればよいか。
というものでした。

１、「行動目標を設定する」が社長を動かした

当時Ｄ社は、創業７年目を迎えていましたが、過去３年で売上が２億円から４億円（第５期）

に倍増したものの、前年の2007年6月期（第6期）には公共事業投資削減の影響を受けて、1年で3億円に激減していました。

社長は、本来意欲的な方とお見受けしましたが、環境の激変にさすがに元気がなく、「正直言って自信をなくしました」と言っておられました。

第6期も経営内容は厳しく、道路部門だけでは会社が存続し得ないと考えられて、前年10月に新規にガーデニング部門を立ち上げられました。最終的にはこの決断が会社を存続させることになったのですが、このガーデニング部門が当時半年経過しても中々軌道に乗らず、増員による人件費負担が重くのしかかって経営を圧迫していたのです。

2008年4月に初めて社長と面談したのですが、その時概略次のような提案をしました。

・売上のノルマを思い切って廃止する

・売上を伸ばすために何をなすべきか、いわゆる「行動目標」を設定して、それを全社員で着実に実行する

・他社以上に努力すれば結果がついてくると信じて努力することが肝要

社長は、売り上げ目標に代えて〝行動目標を設定する〟という点に、共感を覚えられ、又希望をもたれたようでした。そのようにして、D社の支援が始まりました。

2、第1回目（4月25日）訪問、社員8名から意見聴取、現状を把握する

社長に改めて支援の進め方を説明し、全社員8名に会社を強化するための提案・意見を聞きました。

社員インタビューで得た主な情報は次の通りでした。

・前にいた会社ではガーデニング部門の売上が1年で2千万円から2億円になった。これはインターネットによる営業の成果だった

・会社のガーデニングの展示場を、お客様が入りやすいように改善したい。改善の余地は沢山ある

・ガーデニングの売上高総利益率は、概ね道路部門の3倍である。但し、売上高は9分の1で、未だ軌道に乗っていない

・在庫のムダ、時間のムダが多い

最後に、社長とその後の予定を概ね次の通り打ち合わせて、第1回目の訪問を終えました。

1、基本方針：ガーデニング部門を早期に軌道に乗せ、経営を再建する

2、経営再建に有効な目標を1～2件設定する（後日、社長に案を持参願って協議する）

3、それに基づいてアクションプランを作成する

3、3つの目標を設定する

5月8日に社長が目標設定についての案を持参され、検討しました。そして協議の結果次の3つの目標を設定することになりました。会社の規模を考えると、3つの目標は多いと思っていたのですが、僅かな人員をフルに生かして問題を一気に解決しようとの社長の意欲が窺われました。

目標1、ガーデニング部門
①主婦のマーケットリーダー獲得人数
②ガーデン（庭園）展示場来場者数

目標2、道路部門
①お客様との接触回数
（訪問、電話、メール、etc.）

目標3、全社共通
ムダをなくす
①在庫のムダ（道路舗装材etc.）
②時間のムダ（帰宅が深夜、翌朝に及ぶ社員）

以上について、次の事項を次回5月22日の訪問時に改めて確認することにしました。
5月：初期値（現状値）を把握し、1年後の挑戦的な数値目標を設定する
6月：テスト施行
7月：キックオフ（決算期7月～6月）

●教訓

1、「売上ノルマの廃止」と「行動目標の設定」が社長に自信を回復させた
2、不況克服に奇策なし、「行動目標」を決めて着実に実行すること

7 D社・ガーデニング部門

1、第2回目の訪問（5月22日）

社長は、社内で部門毎に目標設定について検討された時の様子をつぎのように話しておられました。

ガーデニング部門では非常に活発な意見が出されたが、公共部門では「お客様との接触回数」を目標に設定することに異議はなかったものの、議論は低調だったとのことでした。中々成果に結びつきにくい公共部門の環境を映しているようでした。1日も早く将来の展望が開けるようにすることが求められていました。

次に、各部門の活動と検討の要点を紹介します。

2、ガーデニング部門

1、マーケットリーダーを選ぶ

・ターゲットは小さな子供のいる主婦か老婦人がよい

地域の情報に詳しい

中間世代の婦人は仕事をしていて地域の交流が少ない

・既存顧客を掘り起こす

既に信頼関係があり、全くの新規開拓よりはるかに効率がよい

・マーケットリーダーの活動を支援するために、造園事例を掲載した小冊子を作る

2、宣伝活動

・コミュニティー誌を活用する

アクションプランの要点

ガーデニング部門

目標１　マーケットリーダー

初期値	20年５月末　0名
目標値	20年10月末　10名以上

対策 — 具体策

- 既存顧客のリーダーの設定
- 主婦のたまり場を確認
- ターゲット地域の選定
- ミニ看板をデザイン
- ミニ看板を掲示
- 小冊子を作る
- 既存顧客の訪問・アフター
- 重点ポスティング

目標２　展示場来場者／月

初期値	20年５月　10組
目標値	20年10月　40組以上

対策 — 具体策

- 展示場にCAD・施工例の看板
- 地域情報誌に広告を載せる
- 業界紙に記事を載せてもらう
- 効果のある定期広告
- インターネットHPの充実
- ネット掲載記事の更新
- バーナー広告

　値段が安く、無料の場合もある
・インターネット広告が有効

ガーデニング部門については、その後、社長が亡くなられた造園会社を買収され基盤強化につながりました。その可否について意見を求められたのですが、〝1200軒の顧客〟と〝庭木の手入れによる安定収入〟が魅力であると提言しました。当時ガーデニング部門の既存顧客が33軒だったので、大きな力になったのは間違いありません。

　このようにして、生き残りをかけて新規に手がけたガーデニング部門が軌道に乗っていきました。

3、実績と検討

①マーケットリーダーのうち美容院の紹介が最多だった

マーケットリーダーは目標10名に対して、実績は8名でした。マーケットリーダーからの紹介も得られるようになりガーデニング部門の売上が上がっていきました。

マーケットリーダーのうち美容院からの紹介が4件あって最も多かったとのことでした。有効な情報源としてなるほどと思いました。

②展示場来場者

（7～10月来場者と成約実績）

来場者　140件

［35件／月、目標（40件）達成率88％、初期値比3・5倍］

見積もり提示　103件

受注　38件（37％）……大きな成果

不成約　65件

3、D社社長の所見

「新しい事を始めると、やると決めて行っていても、いろいろな課題が出てきます。今回、経営の基本を改めて振り返る事が出来たように思っています。
・皆で優先課題を決め
・アクションプランを作り
・今やる事をこつこつと実践しＰＤＣＡを回す事
が必ず良い変化を作るという事を再認識しました」

●教訓
１、全員参加のアクションプランを作りＰＤＣＡ（計画、実行、検討、修正）を回す
２、有力なマーケットリーダーは、子育て世代、シルバー主婦、そして美容院だった

8 Ｅ社運送業（その１）

１、この不況下で過去最高益

今回はこの不況下で発展を続け過去最高益を実現されたＥ社を紹介します。

まだまだ改革途上ではありますが、〝何でも受けろ！断るな！〟の社長方針の下に、全社一丸となって荒々しく躍動する中から、次第に的を絞り競争優位の核となる新しい方向を見出そうとしています。

2、「営業力強化」と「4S」で活動開始

活動のテーマについて社長と協議し次の2点を重点に活動を行うことになりました。

①営業力強化（運輸、倉庫、接着部門）

②4S（整理、整頓、清潔、清掃）

これからの会社の発展を支えるものは営業力の強化であること、お客様に汚いと言われたという職場、社員からも「きれいにしたいが方法がわからない」との意見があったこと、そして何よりも4Sが全ての改革のスタートだからでした。

そのようにして10～11月に活動の進め方の講義（「4S」「営業の生産性」）、12～1月にアクションプラン作成その他来期（1月末決算）に向けての活動の準備を進めました。

4S活動について

「4S」は職場の環境を変え人の意識を変える改革の基本であり且つ入り口です。

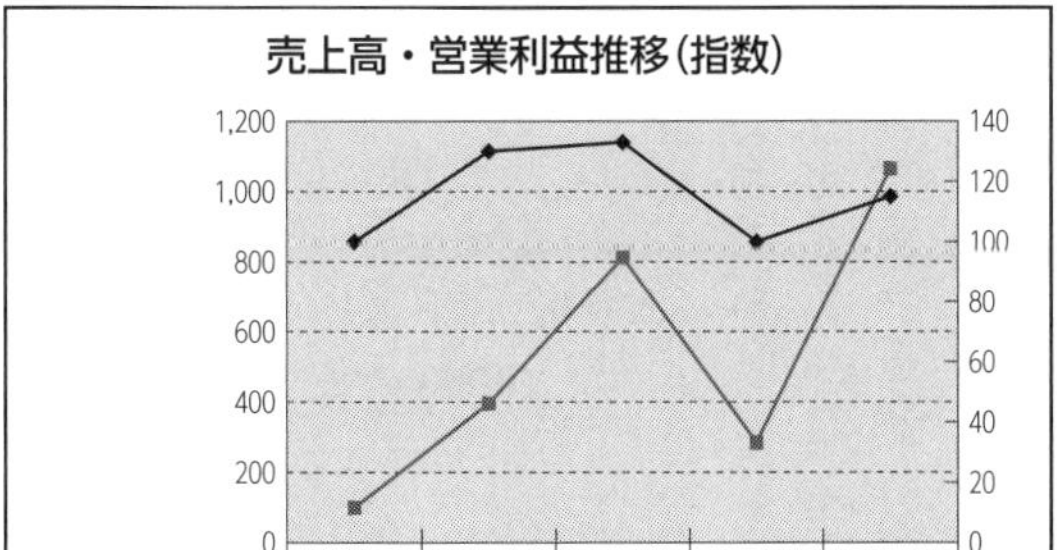

	34期	35期	36期	37期	38期
営業利益	100	396	812	284	1,065
売上高	100	130	133	100	115

（売上は回復途上、利益は過去最高）

(1)「事務所移転」（1月末）を機会に大きく改善

一般に事務所の移転とか、設備導入などに伴うレイアウトの大幅変更がある時は、４Ｓの大きなチャンスです。Ｅ社でもそのチャンスが最大限に活かされました。

(2)僅か1年で様変わりになった職場環境

①輸送整備部門の改善

②事務所の改善

③キーワードは「探すムダの排除」と「社長の率先垂範」

事務所の４Ｓでは社長が自らの机を始め率先して改善され、一気に進展しました。

(3)〝自主活動を促進する〟４Ｓ活動の進め方、４Ｓ巡回点検の進め方

大事なことは、４Ｓの改善が殆んど社員に

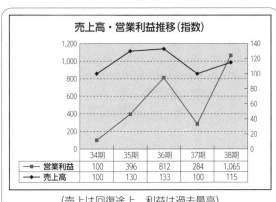

チェックしてみませんか

4S点検チェックシート<PSIPテキストより抜粋>

分類	点検項目
不要物の整理	1．不要物の処分が改善の第一歩であることを全員が理解しているか。 2．棚や機械構築物の上・下・周辺、小部屋、物の陰などに不要物はないか。 3．机や棚等の中に不要物はないか。 4．個人持ち事務用品は必要最低限で、余分なもの共用にすべきものを個人持ちしていないか。
掲示場所	5．古い掲示、破れ、汚れ、不整列はないか。
整頓	11. 部品・材料・仕掛品・図面・書類などの置き場所は、区画が定められ線引きしてあるか。 12. 部品・材料・仕掛品・図面・書類等の置き方は取り出し易いか。 13. 部品・材料・仕掛品・図面・書類等は一目で分かるように表示の仕方が工夫してあるか。 14. 冶工具・金型・事務機器などの置き場所は定められているか。 15. 冶工具・金型・事務機器などの置き方は取り出し易いか。 16. 冶工具・金型・事務機器などは、一目で分かるように表示の仕方が工夫してあるか。 17. 在庫類は先入れ先出しになるように、置き方が工夫されているか。 18. 良く使うものの順に近くに置いてあるか。 19. 種類別に使い易く分類保管されているか。 20. 在庫には上限下限が定められ補充管理がなされているか。 21. 収納庫、棚、書庫、書棚などの管理担当者が決まっていて表示してあるか。 22. 収納庫、棚、書庫、書棚、机の中などはよく整頓されているか。 23. 物の置き方は、次の作業にかかりやすいように工夫されているか。

よる自主活動によって進められていることです。一つの改善が次の改善を呼び、改善された環境が人の意識を変え人を育てるよい循環が生まれています。

先ず不要物の「整理」にかかり、次に「清掃、清潔」に取り組みます。不要物を整理すると約半分が廃棄され置き場所も半分になり空きスペースが出来てきます。最後に「整頓」にかかりますが、「整理、整頓」が4Sの究極の目的でこれによって「探す」時間のムダがなくなり仕事の能率が大きく改善されます。

E社では、他社の倉庫の見学をするなど、社外にも教材を求めながら改善が進んでいます。そしてこの活動がE社の競争力の強化につながり次の発展を支える原動力になっています。

●教訓

1、〝なんでも受けろ！断るな！〟で会社に活気を呼ぶ

2、「4S」が環境を変え、変わった環境が人を変える

9 E社運送業（その2）

1、新規受注で退社が深夜になった

8月に訪問した時でした。倉庫部門の4Sの検討のとき担当者（Oさん）に「忙しいですか」と聞いたのです。すると「毎日夜22:00～23:00の退社になっています」とのことでした。チェーン店を全国展開する会社の地元エリアから、新たな仕事を受注した（受け入れた部材を組立て納品する）ためでした。それは、〝断るな、何でも受けろ〟という社長方針の面目躍如たる成果でもありました。

然し、一時的にしてもこの勤務状況を異常と考え改善する姿勢が欲しいと感じました。私が「定時に帰りたいでしょう」と聞きますと素直に「ハイ」と返事が返ってきたのです。

そこで、何に時間がかかっているのか聞きながら作業の工程を白板に書いていきました。すると部品のピッキングに延べ9時間ほどかかっていることがわかってきました。カギは部品のピッキングにありそうでした。

2、僅か1ヶ月で通常勤務に、カギは工程短縮1／2以下（図1）

概要がわかったところで私は次の提案をしてみました。「2ヶ月後の10月までに、組立の時

図1工程短縮

ビフォー		アフター	
入庫　機械を並べる	計1時間	機械を出庫品置き場に並べる	1時間
店舗毎に必要部品をピッキング	計3時間	必要部品を全店舗同時平行でピッキング	2時間
検査	計1時間	検査	1時間
出庫品置き場に移動(2名)	計6時間	削除	0
2店目必要部品ピッキング ⟆			
合計	11時間		4時間

間を1／2以下にすることに挑戦してみませんか」。すると直ぐ社長から発言がありました。「それは人を増やす話ではないですよね」。勿論人をふやす話ではありません。作業の改善によって実現するのです。そしてOさんが大きな挑戦なのに何のためらいもなく「ハイ」と聞き入れてくれたのは意外でした。

私は、このような、社員のひたむきで前向きの姿勢がE社の財産だと思っています。

次回訪問は1ヶ月後でした。途中で、状況によってはヒントを上げようと何度か思いましたが、あえて電話もせず次回の訪問日を迎えました。Oさんに会って開口一番「どうでしたか」と尋ねますと、「17：00はムリですが18：00には退社できるようになりました。」とのことでした。Oさんは上司の全面的な支援を得て僅か1ヶ月で問題を解決したのです。

社長は〝大幅増益効果〟に大満足の様子でした。それは加工費が殆んどタダ同然（追加費用無し）になったことを意味していました（材料は支給）。

（主な改善点）

①出庫品置き場を150％確保

②入庫品を初めから出庫品置き場に置き作業する
これによりピッキング作業後の商品の移動が不要に

③ピッキング作業を店舗ごとの作業から部品ごとの作業に
これにより移動距離大幅削減

3、受注拡大と新規受注につながった（図2）

後に、納入先から組立の品質を評価されて西日本全域の受注を得、新たな運輸部門の受注にもつながったとのことでした。

工程を1／2にすることは、不要な工程を削除し、作業をやりやすく簡素化することを意味しています。その結果作業者に余裕が出来品質にもよい影響が出てきます。僅か1ヶ月で果たした見事な成果で、社業に大きく貢献することになりました。

最大の成功要因は大きな目標設定でした。

この倉庫業の新規受注は、まさしく運送周辺業務（受入、組立、検査、保管、出荷etc.）を一括して受注する運送業の新しい発展の方向（３ＰＬ―サードパーティーロジスティック）を意味しています。

●教訓

1、営業力は企業の競争力を高めてこそ強化される

2、「競争優位」をどこで確立するか、得意分野を特定することが重要

3、得意分野を圧倒的な競争力にまで高めてこそ経営基盤は強化される

図２ムダを追放する

ムダとは、本来、１時間で出来るものをそれ以上の時間をかけたり、目的達成のためには必要でないことをして時間のムダ使いをするなど、労力のムダや経費のムダを生じることを言います。

労力のムダ

1、運搬のムダ
- 運搬の距離、積み替えの回数
- ５歩以上を３歩以内に
- フォークリフトはムダ作業か

2、歩行のムダ
- いくら歩いても付加価値は生まれない
- 多台数持ちのための歩行もムダか

3、手待ちのムダ
- 材料遅れ
- ラインバランスの崩れ
- 指示待ちのムダ

4、監視作業のムダ
- 自動化された機械を見ているムダ
- 見ていなくても不良が出ないように改善する

5、用談のムダ
- 機械故障の説明はムダか
- 故障の起こらないようにして元を断つ

6、探すムダ
- 工具、計器、消耗品、書類、事務用品、その他書類探しに就業時間の８～10％を費やしているという調査結果がある
  １年で６週間になる

10 Ｆ社印刷業・赤字15％をどうするか

１、初回訪問

Ｆ社は創業者から社長を引き継がれて5年が経過し、２００４年までは黒字経営だったがその後は毎年赤字を続けた結果、遂に債務超過にいたったとのことでした。

ご依頼の趣旨は（１）営業の再建（２）工場の生産性向上ということでした。

然し、何よりも過去4年間（当期を含めて5年）、毎年約1億円、対売上高比△10％以上の大きな営業損失（赤字）を出してきた原因を突き止め早期に赤字を食い止めることが急務でしたので、ことは急テンポで進めました。

２、社長来訪

一刻の猶予も許されない状況の中、社長が来訪されて再度打ち合わせを行いました。その時のご意向では、

①管理面が出来ていない

②上司が部下を叱らない、ミスの原因を詰められない

3、決算分析（過去6期）に基づく提案書提出

先ず、黒字だった年度を含めて過去6年間の決算書を頂き分析しました。そしてそれに基づき社長に別紙の通り提案書を提出したのです。決算書から見た問題点は明らかで、次の2点の原因追究と改善が急務でした。

①売上総利益率が45期に一気に半減（24・3％↓12・8％）したのはなぜか

②以後売上総利益率が回復していないのはなぜか

4、社員インタビュー合計45名

1)概容

①トップと社員のコミュニケーションが欠如している

②「営業グループ」と「デザイングループ」の問題意識が高い（顧客の窓口）

2)組織の問題

①グループ間の連携が悪い（欠落している）

営業―デザイン・製版・印刷・総務の連携

本社―営業所の情報伝達

②部門毎の責任者不在（組織図上は存在するが実際には機能していない）

決算分析から見た緊急課題
（提案書より抜粋）

1、業績悪化の概容
①45期に売上総利益率が一気に半減(30.5、27.8、24.3、12.8)した。
②それにも拘わらず販・管費はほぼ横ばい、販・管費率は45期以降毎年上昇。

2、売上高総利益率25%以上を上げる体質を構築する。
①「外注加工」を内製化する。
②運賃は、その後の「オイル価格の下落」と「景気後退」を背景に値下げ交渉を行う。
③修繕費は、機械の修繕を自社で行えるよう社員を教育する。

3、販・管費及び販・管費率が、殆んど改善されていない。
売上高半減に対応して半減していない「5費用科目」を徹底的に見直す。

ｅｘ．材料発注の責任者不明
ｅｘ．相談無しの機材購入がある
③役割り分担不明確
「価格交渉」「決定」が営業任せでルールがない
「外注」が多く、営業任せでルールがない（内製可能70％）
「製版」受付の窓口責任者が不明確
3)その他喫緊の課題
①飛び込み（70％）や当日いきなりの作業指示が多い
②進行予定表がないので他部署の仕事の負荷が分からない
③納期違い、値段違い、枚数違い、刷色違い、チェックミスが多い
決算書分析と社員インタビューから問題点

と改革の要点が明確になったので次の通り組織横断のプロジェクトチームを3チーム編成して改革に取組むことになりました。

①4S、組織の活性化
②生産性向上・コストダウン
③品質改良（印刷、間接業務）

5、全部門研修（以下6項目）

目標管理、アクションプランのつくり方

組織の活性化（モチベーションを高める）

4S（整理、整頓、清潔、清掃）

品質保証（印刷）

品質保証（間接業務のミス：変更、やり直し、連絡ミスetc.）

6、アクションプラン検討

それぞれ改革の成果を確信させる意欲的な目標が設定されました。各チームの主な目標を次に記します。

①4S、組織の活性化（チェックシートの点数で目標設定）
②生産性向上、コストダウン
営業：「当日手配をゼロに」、作業指示書の「未決事項（空欄）をゼロに」
工務、総務、配送の各部門：「前工程の仕上がり待ち時間削減1／2以上」
印刷工場：「機械修理費1／2以上削減」
③品質改良（印刷工場、間接業務）
営業：「入力ミス、指示ミス削減1／2以上」
印刷：「刷り直し削減30％以上」
デザイン：「校正ミスをゼロに」

7、全社方針発表会（キックオフ）

このようにして全員参加による全社方針発表会を行い、初回訪問から2ヶ月で活動がスタートしました。よい目標が設定できたので、私は目標達成に向けて具体的な行動計画が着々と実行されれば業績は大きく回復することを確信していました。

更に、長年の業績不振で自信を喪失されていた社長も、問題点と対策が明確になるにつれて自信を回復され、力強く陣頭指揮をとられました。そして、社員の活動を進めながら、同時に社長自ら迅速且つ積極的に次々と改革に着手されたのでした。

その結果、早くも1～4月度で売上高営業損失率が前年のマイナス15・8％→マイナス4・5％に、実に11・3ポイントの大幅改善となり4年ぶりに回復の軌道に乗ることになりました。

●教訓
1、決算書を数年間の推移で見ると問題点がよく見える
2、〝何が問題か〟〝どうすればよいか〟は社員が知っている日頃社員の自発的な知恵が活かされる社風と、社員の声に耳を傾ける積極的なコミュニケーション努力が会社を強くする

11 F社印刷業・圧倒的競争優位を確立してこそ

問題点と原因、そして対策が明確になり、社長独自による改革と社員全員参加のPSIP（ピトーシップ）の改革が同時平行で進むことになりました。そして初回訪問の10月20日から6ヶ月

弱の短い期間でしたが不十分ながらも大きな成果を上げ改革の軌道にのせることができました。

１、収益性の改善（48期―2009年―1～4月）

1)「外注加工」のルール化で売上総利益率の大幅改善

社員インタビューで「営業任せでルールがなく、70％が内製可能」との意見があった外注加工費については、早速社長から書面により改善指示書が出されルール化されました。

・外注手配書によって手配する

・営業部が工務部に４営業日前までに「見積計算書」を提出する

・工務部は「外注手配書」によって３営業日前までに「社長決裁」を受ける

このことにより売上高外注費率が24・４％から16・２％へ８・２ポイント改善し、それがそのまま売上高総利益率を11・９％から19・８％へと大きく７・９ポイント改善することにつながりました。

2)「経常利益率」がマイナス14・１％からマイナス２・７％へ

⑴ 増加していた物流費の改善

42期から47期にかけて売上高が半減する中で物流費が１千７百万円から２千万円に増加していました。売上高比率では１・５％が３・３％になっていたのです。社長に問題提起しますと、早速事情を調べられ取引先の輸送保管業務を代行している分が赤字になっていることが分かりました。売上げの減少を埋める思いで始めたとのことでしたが赤字受注では意味がありません。

結局その代行業務は即時に解除されることになりました。その効果が徐々に売上高物流費率の削減（47期3・3％、48期1～4月3・0％、5～10月2・7％）となって販・管費率の改善につながりました。

(2)その他人件費や広告宣伝費の改善

以上の改善などにより販・管費率が47期27・8％から24・3％と改善され、経常利益率はマイナス14・1％からマイナス2・7％へと11・4％の大幅改善となりました。

2、営業部の改革

①「当日手配をゼロに」

②作業指示書の「未決事項（空欄）をゼロに」

特に①は計画の検討の中で社長から特別に指示があって採用したものでした。

1ヶ月後の2月24日に訪問して営業部の検討をした時に驚きました。なんと「当日手配」がゼロになったというのです。然も僅か1ヶ月で。社長の〝鶴の一声〟がこの結果をもたらしたことは明白でした。トップの役割が如何に重要かを物語るひとこまでした。

③週間行動管理

社長指示により営業部員の自主週間行動計画に基づく週間行動管理が導入されました。

概容は次の通りです。

・各人が翌週の行動計画書を水曜日までに営業部長に提出する

・営業部長は部員から提出された行動計画に基づき、毎日部下と話し合う

営業は事業の最源流であるだけに、そこでの処理が迅速且つ確実に行われることは会社全体の生産性を上げる上で極めて重要です。その意味で社長が営業の改革を重視され、同時に各部門に営業を支援するよう指示されたことは大変有意義でした。

その他の部門でも部門間の「連絡ミス削減」や「刷り直し削減」などの目標を設定し活動が始まりました。

3、残された課題

①企業にとって〝真の改革〟とは、

・競争優位性の確立を目指して

・全社員が一体となって

・自ら考え自ら行動する企業文化を確立すること

リーダーの役割
ビジョンを示し熱意で部下を巻きこめ

1．目標を明確に示せ、目標に対して厳しくせよ。
2．メンバーの力、エネルギーを目標に集中させよ。
3．徹底した目標遂行組織を構築せよ。
4．各人の立場と役割をしっかり理解させよ。
5．１人で奮闘するな、重要なのは集団の力だ。
6．部下(人)を理解せよ、それが管理の大前提だ。
7．職場にプラス志向の根を張りめぐらせ。
8．理論より行動。行動が迷う部下を強くする。
9．仕事が教材。結果の悪い部下にはプロセスの改善を。
10．PDCAのサイクルをエンドレスでまわせ。

②印刷業としてどの点で〝競争優位〟を確立するのか
・得意な商品分野を育て磨き上げるか
・受注から納入まで、ムダ排除、工程改善等で圧倒的短納期体制を確立するか
・生産性の向上やムダの排除でコスト競争力をつけるかetc.

●教訓
1、「原因と対策の明確化」と自信を回復された「社長の陣頭指揮」が、短期改善の決め手だった
2、企業の経営体質改善を果たし、同業他社に対して圧倒的競争優位を確立してこそ真の改革

⑫ G社・重加工業・好調時こそ更なる体質改善を

1、初回訪問

クレームを3件以下／年にせよと言っているけどなかなか実現できない、との話が出て、それが一つの問題点であるのは分かりましたが、話を誘導した感があって他に悩みがおありではないかと思ったのです。

2、〝好調なときこそ〟経営体質の更なる改善を

〝業績が好調なだけに何をやったらよいのか改革の課題がなかなか見えてこない〟。これが社長にとって真の問題点だったのではないかと理解しました。

3、経営の基盤強化の課題をどのようにして探すか

次に経営基盤をどのようにして強化するか、その課題を探すチェックポイントを紹介します。

①事業戦略（どんな商品・サービスを、どの市場に、誰に提供するか）

事業を取り巻く環境が時々刻々と変わっていくときに、事業の内容も環境の変化についていくべく変化を遂げる必要があります。

現在提供している商品やサービス、そしてそのマーケットをチェックすることが大事です。

②競争戦略（他社に対する競争優位を確立する）

現在の事業で生き残り更なる発展を期するためには、「競争戦略のチェックポイント」の図のいずれかの点で競争相手より優位であること、更には圧倒的な競争力を確立する視点をもつことが必要です。その視点で事業の現状をチェックしてみてください。

③従業員満足

〝経営は人なり〟といいます。従って従業員満足度が高いことが経営の根本です。社員のモラール（働く意欲）を調査する手法は数多くありますが、「従業員満足のチェックポイント」の図の視点から社員の現状の概容をチェックしてみてください。

4、社員インタビュー　〝分からなければ社員に聞け〟

早速、6月に2日間かけて、〝会社を更に強くするために〟のテーマで社員インタビューを行いました。私が社長宛に提出したインタビュー報告書から経営課題の要点を抜粋して紹介します（図　社員の意見より）。

事業戦略のチェックポイント

- 今提供している商品やサービスは顧客のニーズを十分満たしているか
- 更なる成長のために商品開発や技術開発の必要はないか（開発を怠ると事業はいずれ衰退する）
- その市場は今後成長が見込めるか
- 成長のために新たな事業を付加する必要はないか　etc.

競争戦略のチェックポイント

Q．品質で競争相手より明確な優位性があるか
C．コストで競争相手より明確な優位性があるか
D．納期で競争相手より明確な優位性があるか
S．サービスで競争相手より明確な優位性があるか（“そこまでやるか”と感動を呼べるサービス―応対―ができているか）

13 G社・重加工業・競争基盤の強化策

1、クレーム削減50%以上

1）先ず現状の整理から

・報告されていないクレーム。

ex．簡単に解決できたもの

ex．小さいから記録するに及ばないと考えられたもの

ex．表沙汰にしたくないものetc.

・クレームの定義があいまいなので記録があったりなかったりする。

クレームや商品の品質は顧客との信頼関係の根幹をなす問題です。ですからことの大小にかかわらず全てを把握し記録しておくことが先ず必要です。小さな事故や幸いにして大事に至らなかった案件でもその背

従業員満足のチェックポイント

- 社員は会社の仕事に生き甲斐を感じて取組んでいるか
- 社員は大きな目標に挑戦しているか
- 出勤率や定着率は十分高いか　etc.

後にどんな大きな問題が隠されているか分かりません。また、例え小さくともコツコツと改善を積み上げていくことが重要です。

2)加工技術以外の原因によると思われるものが60%

「種類別クレーム件数」のグラフを更に原因系で類別すると次のようになります。

加工技術に関するもの
　曲げ不良　22件　39%
　溶接不良　1件　2%
取り扱いに関するもの
　キズ、サビ　20件　36%
事務的間違いに関するもの
　14件　25%

ここで注目すべき点は、「取り扱いに関するもの」と「事務的間違いに関するもの」、

社員の意見より―主な経営課題

1、事業戦略
- 曲げ加工だけでは大企業の注文（仕事）は取れない

2、従業員満足に関して
- 人が直ぐ辞める、引き止められないか
- 「会社の方針」は聞いているが、もう少し具体的に聞きたい

3、品質
- 「作業標準書」「検査基準」などの整備が必要、又は利用し易いものに改善したい
- 社員の定着性が悪く、カンやコツの伝承が困難
- 多能工化が必要：プレス→ベンダー→ロール（易しい工程順）
- 明確な指示が必要　ex. 開先寸法ミス
- ベテランが多いから、品質が人任せになっている
- 伝票間違いによる切断ミスがあった

つまり加工技術以外の原因によると考えられるクレームが約60％、実に半数以上を占めていることです。これは管理技術の問題でした。

3）キズ対策

キズの検討を進めると、そもそも取引先から支給材料を受け入れた時点でキズがあるものがあることが分かりました。又、その他のキズで主なものはクランプ（万力）で材料を掴むときに生じるものでした。そしてこれは材料が重量物であるために当面は避けられないものだということでした。

そしてそれぞれ次の対策が採られました。

①受け入れ時の対策

・支給材料の受け入れ検査を強化し、キズの有無を確認する

・発見された材料のキズについては、営

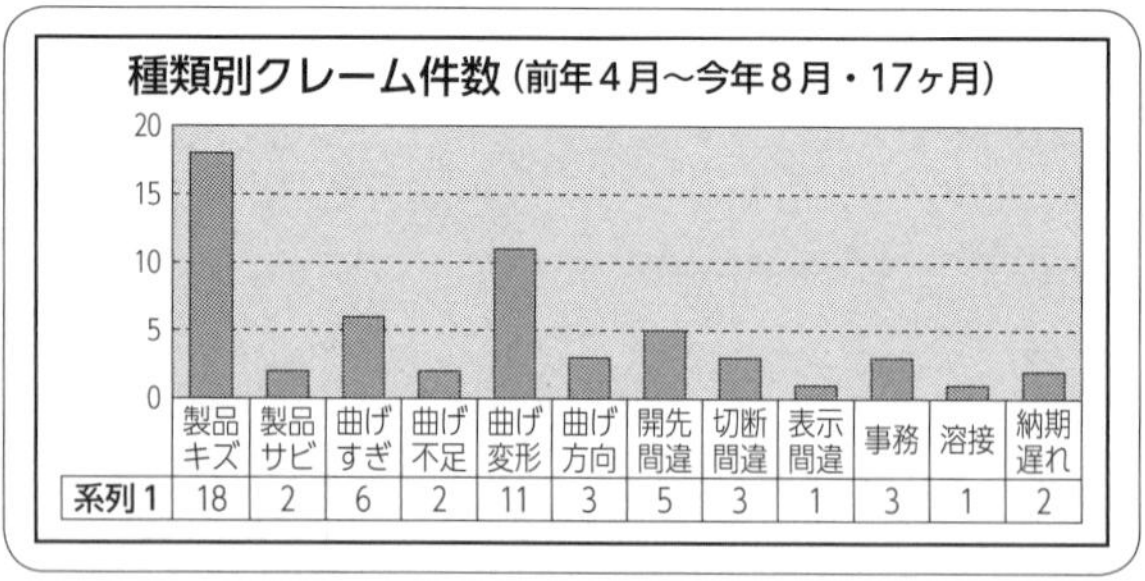

業部が即座に取引先に連絡をして処置を相談する

②クランプによるキズ対策

発生が予め予想される場合は、

・受注時にその旨を確認して事前の了承を得る：営業担当者

・受注票を改善：確認を忘れないように受注票に〝確認欄〟を追加する。

・営業部員の教育：「どんな加工がクランプで掴む必要があるか」

ex．溶接についても受注時に溶接のレベル（完全溶接か否か）の確認をすることにした

③加工工程でのキズ対策

・枕木（台木）の使い方を標準化し、写真を現場に掲示する

4）加工不良対策

「曲げ不良」22件のうち21件が最も難度の高い〝ロール工

られました。

程〟で発生していました。そこで原因を調べますと作業者（主に外国人研修生）が前工程の技術を十分習熟しないままロール工程に異動していることが分かりました。そこで次の対策が採られました。

・十分習熟した後にロール工程に進む
・外国人研修生に「品質保証」の研修を行う

5)早くも活動2ヶ月目の10月にクレーム0件

活動は社員の基礎研修を終えた9月からスタートしたのですが、クレームは10月に早くも「0件」を記録しました。その原因を次に記します。

①〝不良品を社外に出さない〟との意識が全社員に芽生えた
②原因の60％が取引先との事前の連携や確認で解決できた
③技術に関するものは、当面ベテランがカバーした

このようにして早くもクレーム件数では活動の成果が出ましたが、これは社外流出が止まったということで、工程での不良がなくなったわけではありません。そこで1月から「直行不能率」の改善に目標を変更して、工程内不良の改善に取組むことにしました。

※「直行不能率」とは、工程で手直しをしたものも不良に加算する

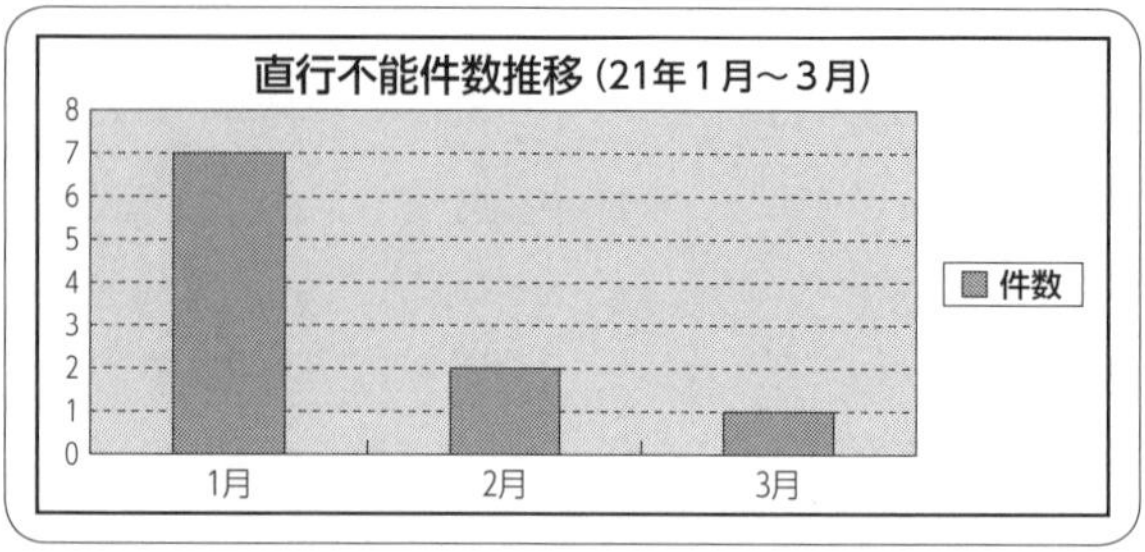

　クレーム件数や工程不良率より数値が大きく問題点（改善点）が見えやすい

結果は直行不能率が7件（1月）、2件（2月）、1件（3月）と急速に改善されていきました（グラフ参照）。これは作業の標準化を中心に工程能力の改善を進めた結果でした。専任の品質管理課長が置かれたことも手伝って3月は途中まで「0件」で推移していましたが最後に1件発生したのは残念でした。

3、営業部門は新規取引先の獲得件数を目標に

社員インタビューで〝曲げ加工だけでは大企業の注文は取れない〟という意見がありましたが、それに応える意味で事業の領域が拡張されることになり、そのために取引先を新規に開拓するよう社長の指示がありました。

1）1～3月の目標を2月に達成

3月の新工場稼動にあわせて、1～3月の新規開拓目標件数を〝12件以上〟に設定、その結果

1月　　3件
2月　　11件　　累計　14件

2月に早くも目標を達成し新工場稼動に向けてよい準備が出来ました。

〝成功の最大の原因〟は2ヶ月以上実績のない休眠取引先を集中的に訪問したことでした。

訪問先の中には、「丁度いいときに来てくれた」と即座に受注につながった例もあったのです。

1回でも取引のあった取引先を、維持し深堀りすることが有効なことを物語る事例でした。

●教訓
1、品質クレームの原因の60％は営業部門で事前に解決できる問題だった
2、新工場開設に備えた新規取引先の開拓は、休眠顧客の訪問が有効だった

14 H社・電子部品製造業・存亡の危機が転機に

H社の製造する部品は、当時世界の90％を日本が供給し、それをH社を含む主要2社がわけあっているという有力な商品でした。

支援開始は1999年1月、厳しい国際競争に直面してより強固な経営基盤を築くための〃生産性向上〃を目的に始まりました。

1、1年次

1年次は組織横断のプロジェクトチームを20チーム編成し（4S、組織の活性化、品質改善、生産性向上、納期確保etc.）全社総動員の体制でスタートしました。

H社の活動の特徴のひとつは、事務局の指導力が優れていたことでした。

1例を紹介しますと、4Sでは、H社の現場写真を取り込んだ独自の改善事例やテキストを作成され、随時それを掲示板に掲示されて改善を促されました。

その他、

・約束納期確保率95％以上（遅延率改善30％以上）達成

・在庫削減30％以上達成

訪問活動の分析

ブランド変更の要因のトップは「訪問頻度」

経営の真髄・小泉衛位子著より

１、ある法人顧客に「どのようなときにブランドを変更するか」のアンケート

・訪問頻度	43%
・価格	36%
・納期	7%
・品質・デザイン	7%
計	100%

２、この法人顧客に納入しているメーカーセールスマンの訪問状況

・継続顧客数	15%
・ロスト顧客数	85%
計	100%

３、セールスマンにロスト顧客を訪問しなくなった理由を聞いた

・担当セールスマンが変わって行かなくなった	50%
・いつの間にか競合相手に取られていた	20%
・他社の強力なコネでとられた	10%
・先方の担当者が替わってうまく行かなくなった	10%
・見積もりがいつも高いので見限られた	5%
・大口引き合いで負けて呼ばれなくなった	3%
・アフターサービス・製品クレームで行きづらくなった	2%
計	100%

４、担当顧客の訪問を中止した時期

・１ヶ月未満の訪問であきらめた件数	63%
・１ヶ月以上３ヶ月未満	27%
・３ヶ月以上１年未満	10%
計	100%

ナゼ１ヶ月であきらめたか

最初の大量購入後４年後に次の大量発注がなされるから、３年間は効率が悪いと考えて行かなくなった。

・生産性向上30％以上（日産900台を1200台以上）達成etc.
等まだまだ改善途上ではありましたが1年次から成果が着々と上がっていました。
然し、そんな中で2度に亘って経営に大きな影響を及ぼす変化がありました。

1)中国進出

一つは4月に中国に工場進出したことでした。それに伴う社員の中国異動や出張応援などで、国内の陣容が大変手薄になり、そんな中で活動を進めることになりました。

2)債務超過の危機

社内に大きな危機感が走る出来事が起こりました。グループ内の赤字会社を吸収合併することになったのです。当時H社は、発展途上国の追い上げもあって厳しい競争にさらされていましたのでもしかするとこの合併で債務超過に陥ってしまうのではないかとの危機感が全社に走りました。

一方、その事業は、技術的に優位性のある、然もグループを代表する部品の製造事業だったので、飛躍発展を期待されこそすれ撤退はあってはならない事業でした。是が非でも生き残りをかけて事業存続のための努力を払わなければならなかったのです。そこで私は社長に次の提案をしました。

（社長への提案）
・〝親会社は赤字が3年続いたらその会社を閉鎖する〟と言っている
・会社が確実に存続していくための条件を示して頂きたい
・同時にそれは、次の飛躍につながる大きな挑戦目標であってほしい
・それを2年次の目標にして、危機をチャンスに転じる起点にしたい

これが当時の社員にとって、起死回生の大きな目標への挑戦の始まりになりました。

2、2年次方針

社長の回答は次の通りでした。

1)日産台数
　1200台／1ライン平均（初期値）を
　　↓日産1，500台（1年後）体制にする

（背景）
①当時の総合賃率比較（社長提供）
　H社：60円　　韓国：30円　　中国：10円

②商品の収益性は急激に低下している
③韓国や中国との競争に耐えるコスト競争力を開発する必要がある
2)新商品の工程不良率を
・導入後1年以内に
・18・3％（現状）を3％以下に
3)新商品導入後2ヶ月以内の工程不良率を15％以下にする
4)廃棄材料の削減

3、各部長（部門長）の反応

各部長に「社長から提示された目標をどう思いますか」と反応を聞いてみました。各部長の反応は一様に「やったことも想像したこともありませんからなんとも言えません」というものでした。

「工程不良率」は、前述の通り1年以内に3％以下の見通しをつけて量産工場に移転するとのルールが既にあったのですが、実際は未達（18％）のまま移転するのが常という状況でした。又「生産性」も、1年次に当初の900台から1200台に改善したところでしたから、900台からすれば約70％増を意味していました。従って各部長の反応も常識的には無理からぬこととと言えなくもないところでした。

私は

・時間は365日ある

・アクションプランを作って

・全員でやるべきことを確実に実行していけば必ずできる

・それを達成した時に、次の飛躍を約束する大きな夢が広がっているはずと督励しました。

このようにして、全員参加で4月からの2年次の方針発表会を開催し、2年次の活動がスタートしました。

スタートするや、1年次の成果の効果もあって早くも4月以降業績が好転しました。そして8月の中間方針発表会では、日産1500台の年次目標を1600台に上方修正するという快進撃につながったのでした。

●教訓
1、会社存亡の危機が大きな目標に挑戦させた
2、目標が明確だった（数値、期限）

15 H社・1年で目標達成

1、上半期に大きな成果

8月7日中間方針発表会において社長から次の方針が発表されました。7月の活動の順調な進捗状況を踏まえた、目標の上方修正と現行機種の中国移管やそれに伴う新製品の導入でした。

①目標達成状況

	初期値(3月末)	上期末目標	7月実績
工程不良率	18・3%	5%	8%
生産性	1200台	1320台	1430台

②生産性目標の上方修正

1500台（3月末）→　1600台に（当初目標1500台は9月に達成）

③9月に新製品導入、工数が増加する

9月経営幹部の月例報告会

・4月以降業績好調、8月も初めて黒字（8月は過去赤字が続いていた）

・今期売上見込　500億円（前年実績325億円、前年比150％）

・下期の課題　部品の品質改善

※工程不良率のうち　部品不良が50％

2、徹底した全員参加

スタートに当たって特に社長にお願いしたのは、〝源流である親会社の関係部門（設計、購買、生産技術など）の積極的な参加を実現して頂くこと〟でした。その甲斐あって、社長の下に、グループ関係全部門の全員参加の体制が早期に確立しました。

品質も生産性向上も、関係各部門が相互に関係していて何一つとして1部門だけで解決できるものはありません。関係各部門の協力体制が、早期に大きな成果を上げることにつながります。

3、日産目標突破

翌年3月には修正目標1600台を更に突破して日産1800台（前年比150%、前々年比200%）を達成しました。

・設計部門の努力

品質も生産性も設計で70%決まるといわれています。活動がスタートするや親会社の設計課長が、自ら〝現場100回〟と称しながら頻繁に工場を訪れていました。有効なヒントは現場をよく観察することによって得られるからでした。

その結果行われた設計変更の主な点は次の通りです。

①部品点数　50%減

（対策）部品の統合、モジュール化、設計変更etc.

②材料の変更

ｅｘ．レンズ材料をガラスから樹脂に変更

コストダウンと作業性向上に効果

③その他改善

作業改善

工程改善→工程簡素化

標準化

④品質の改善効果

自動化や工程の簡素化など生産性の改善が品質の改善にも貢献

４、工程不良率も目標達成

初期値（２０００年３月）18・３％　↓　目標（２００１年３月）３％

実績：２月に旧製品ラインは３％を達成、途中導入の新製品は平均４％

（有効だった対策）

①徹底した「バイタル・フュー」対策

「トップ・ヒッター」と称して最大の原因から次々とつぶしていった

②３ヶ月毎（サイクル）に目標を設定しＰＤＣＡをまわす

現状分析↓原因把握↓対策↓検討

ＰＤＣＡのサイクルは短期間でまわすほど成果が上がる。

③部品品質

９月以降、部品品質が大きく改善

・受け入れ検査ロットアウト率　10月１・27％　↓　３月０・47％

・11月に部品係新設
・担当者のレベルアップ
ｅｘ．難度の高かったＸＹ（タテヨコ）調整器の測定技術の研修など

●教訓

1、大きな目標を設定し

2、全員参加で組織の壁（社内の壁、親会社、外注会社との壁）を破る

3、アクションプランに基づいて、一歩一歩努力すれば〝その日〟は必ずやって来る

4、リーダー（経営者）の役割は
社員が力を出す環境を整え
目標に向かって情熱的に全員を巻き込むこと

第2章　コストダウン編

[1] 〝コストダウンで危機を乗り切る〟

コストダウンをただ漫然と行っていても大きな成果は上がりません。また、コストダウンの努力はしても、やり方によって、或いは会社によってその成果に大きな差異が生まれます。それはナゼでしょうか。

1、求められるコストダウンの背景を理解する

今会社は、大手企業か中小企業かを問わず厳しいコストダウンの必要に迫られています。これは発展途上国の企業が経済の成長とともに力をつけて、われわれの競争相手になってきたことが背景にあるからです。それは時間が経てば緩和されるものでもなく逃げるわけにも行きません。

2、コストダウンはいろいろ

激動する海外の事情を見て先手を打って大幅なコストダウンを図っておくことが生き残りのために重要です。

・これ以上どうしろというのか
・どこにムダがあるというのか
こんな思いがないでしょうか。然し、コストダウンの方法はいろいろあります。コストダウンといえば、「経費節減」と「仕入れ単価」の引き下げと考えている人が多いかもしれませんが、それはコストダウンのほんの一部に過ぎません。

品質の改善、工程改善、生産性向上などなど全てコストダウンに通じます。

3、コストダウンの目的を明確にする

ただ漫然とコストダウンを行うのでは大きな成果は得られません。
・何のためにコストダウンを行うのか
・生き残りの条件は何か
・競争相手はどこか
・必要なコストダウンは何%か
など、先ずコストダウンの目的や目標を明確にすることが大事です。

そして、コストダウン1／2など、思い切った大きな目標に挑戦することです。大きな目標を設定することによって新しい問題点や課題が見えてきます。

4、経営の視点で考える

コストダウンは、前述の通りつまるところ会社を強くするためのものです。ですからコストダウンの必要性と可能性を〝経営の視点で考える〟ことが大事です。決算書に基づいて、経営体質を或いは収益性をどこまで強化するかその目標を明確にすることが重要です。

取引先の当面の要求を満たすだけでは現状維持に過ぎません。大きなコストダウンを求められるのを機会に、併せて経営の体質強化を図られてはどうでしょうか。

5、決算書と社員インタビューからみた問題2例

（決算書）より

A社の過去5年の決算をご覧ください。ここから何を読み取られるでしょうか。

・過去10年で売上高が激減して1／2になっている

・それに対して原価が下がっていないので売上高総利益率（粗利率）が低下している

　更なる原価削減が必要

・販・管費を下げる努力がなされているが未だ十分ではない

・販売増対策を検討する。或いは利益率の高い高付加価値商品を開発する

A社・経営指標推移(1992～1999は省略)

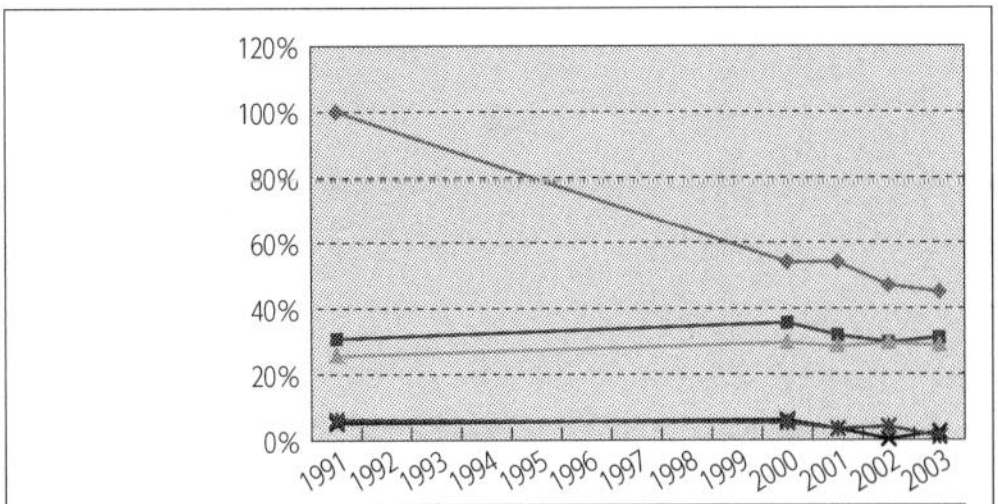

	1991年8月	2000年3月	2001年3月	2002年3月	2003年3月
売上高指数	100%	54%	54%	47%	45%
粗利益率%	30.8%	35.6%	31.8%	29.7%	31.1%
販・管費率%	25.6%	29.5%	28.4%	29.4%	28.6%
営業利益率%	5.2%	6.1%	3.4%	0.3%	2.5%
経常利益率%	6.2%	5.3%	3.4%	4.1%	1.0%

幹部社員インタビュー

・品質のクレームや、新製品の初期クレームが多い。全品回収約10件／10年
・目的意識、市場開拓、マーケティングの考えなし
・商品開発が遅れる、その結果最終工程である製造にしわ寄せが出る
・部門間でギクシャクしている
・「目的意識」「当事者意識」がない、他人ごとになっている

(対策)

このようにして問題点が明らかになると対策も自ずから明らかになります。

先ず、原価の改善のためには「品質の改善」特に「新製品発売時の品質改善」が急務であること。又、高付加価値商品の開発による原

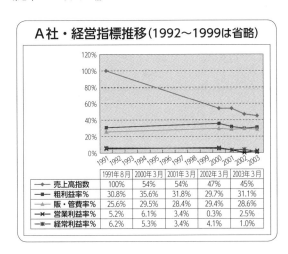

B社・決算推移

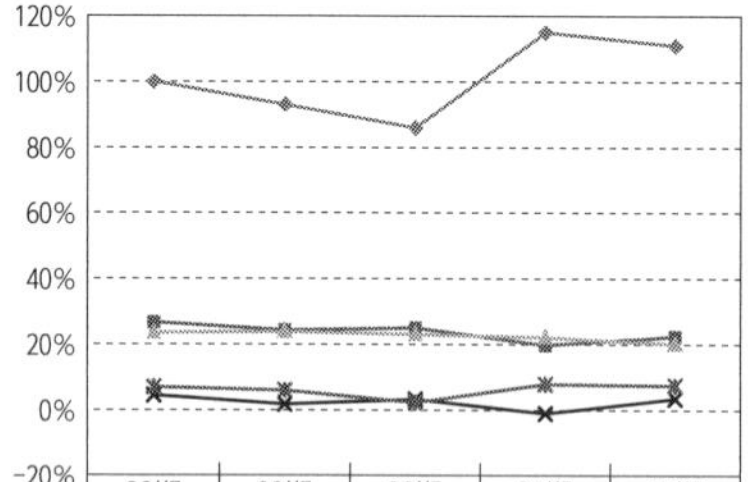

	28期	29期	30期	31期	32期
売上高指数	100%	93%	86%	115%	111%
粗利益率%	28.0%	25.6%	26.3%	21.1%	23.7%
販・管費率%	23.5%	23.8%	23.0%	22.1%	20.1%
営業利益率%	4.5%	1.8%	3.3%	-1.0%	3.5%
経常利益率%	7.0%	6.0%	2.3%	7.9%	7.5%

価率の改善の余地がありそうなこと。部門間の連携や危機意識を共有することで経費の更なる節減を図る余地があること、などがよみとれます。

B社の事例

B社の過去5年の決算推移をご覧ください。B社は創業以来40年全て黒字を続けている高収益会社です。30・31期こそ半導体不況で異常が見られますが経常利益は高水準を維持しています。

この会社のどこに着眼して改善すればよいでしょうか。いろいろあると思いますが、私は利益に着眼しました。経常利益が営業利益を超えています。つまり自己資本比率が高く資産内容がよいのです。然し理由はそのほか

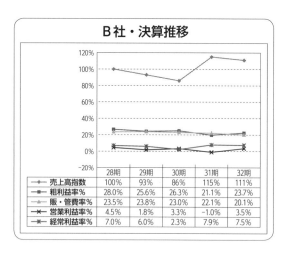

にもありました。海外子会社からの配当金が多かったのです。

そこでよく調べてみますと、売上の中には海外子会社に設備機械を売っているものがありました。それを差し引いて計算すると、営業利益は赤字になっていることが分かったのです。つまり、純粋の国内生産・国内販売では損をしていたのです。

そこで、課題を次のように設定しました。

・国内生産・国内販売で営業利益を黒字化する

このことが、後に海外子会社が赤字に転落した時に連結で黒字を維持することになったのですが、まさに先手を打ったコストダウンの効果でした。

●まとめ

1、コストダウンの方法はいろいろある

2、コストダウンをチャンスと捉え、同時に経営体質の強化を図る

3、決算書に基づいて、経営の視点で、コストダウンの課題と目標を設定する

[2] コストとは何か、〝コストの構造〟を理解する

1、コストとは（※「コスト」は原価と同義に使用）

会社の収益性は決算書の「損益計算書」に表示されます。然し、これは過去の一定期間（決算期間）の活動の記録であり、静止的なものです。ですからこれはコストダウンのスタートラインを意味しているにすぎません。

コストダウンはこれから原価率を改善しようというものですから、原価を別の角度から動的に理解する必要があります。

2、原価と品質の関係を理解する（図1）

改善したいのは、売価に対する原価、つまり「売上高原価率」です。コストダウンの目的はこの原価率を改善することにほかなりません。そう考えると、品質と原価の関係が浮かんできます。図1をご覧ください。

縦軸に品質、横軸にコストをとると、品質とコストの関係は単純に考えると右肩上がりの直線（現在線）で表すことが出来ます。品質をよくしようとすればコストがかかるという関係です。品質を改善する時の品質とコストの関係を太線で記しました。現在の線より上にあること

図1：品質と原価

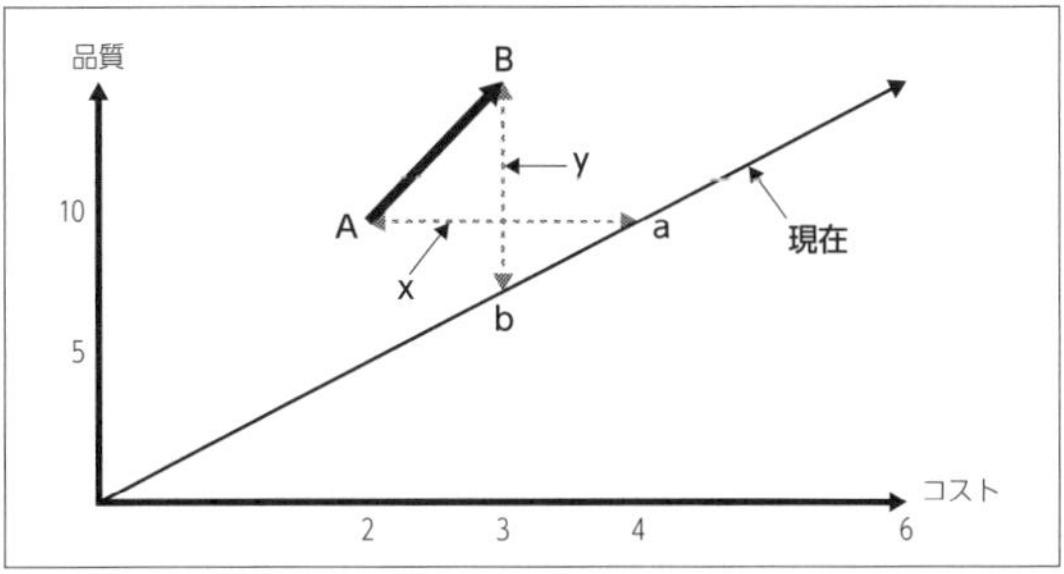

が改善された姿を表しています。

Aは品質が同じならコストを安く（改善幅x）、Bはコストが同じなら品質をよりよくする（改善幅y）ことを表しています。

このグラフは商品の品質だけでなく商品開発の考えにも適用できます。顧客のニーズをよりよく取り入れた魅力商品の開発は、売価を押し上げる効果があってそれに応じて結果的に原価率を引き下げることになります。

従って、魅力商品の開発も広い意味でコストダウンの一つと理解できます。そう考えると、それだけ原価率改善の対策の範囲が広がります。原価率の改善には、コストダウンと商品開発の両面作戦で対応すればより大きな成果が期待できます。

ここでは商品開発には触れず狭義のコストダウンについて述べることにします。

図２：損益分岐点

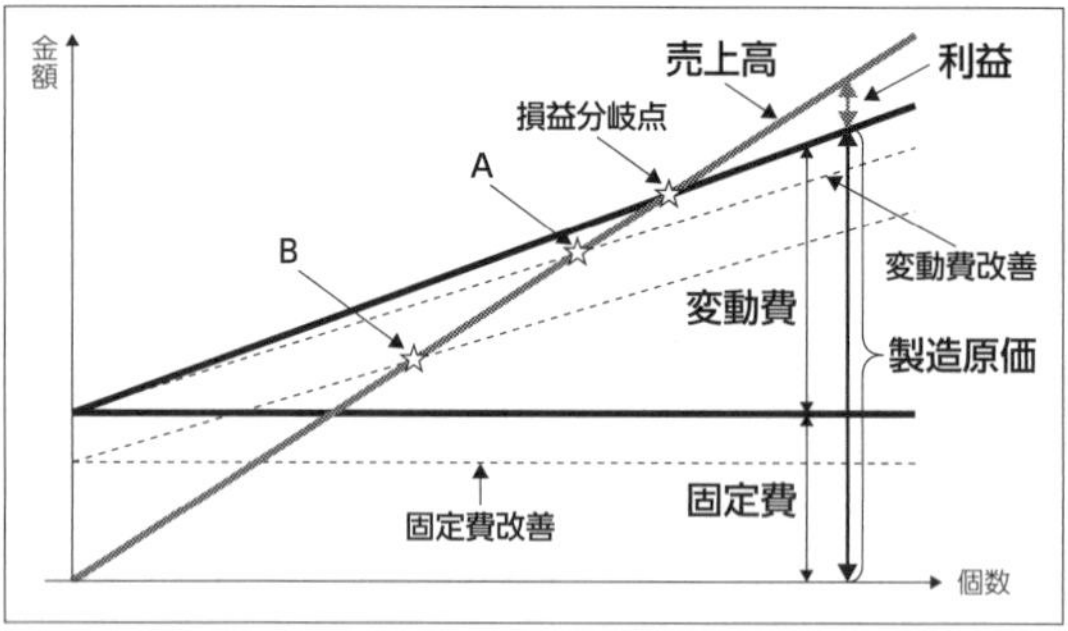

３、原価の構造を理解する（図２）

原価は生産高或いは売上高に比例して発生する変動費と、売上高とは関係なく一定期間ほぼ定額で変動しない固定費とから構成され、両者の合計が製造原価です。

変動費は、製造業においては「材料費」が代表的です。他に光熱費のように一部が部分的に変動的なものもありますが、変動費の内容は業態によって異なります。販売業では仕入原価が代表的です。

固定費の代表的なものは人件費や設備費です。製造原価報告書の「労務費」「経費」と損益計算書の「販売費及び一般管理費（以下販・管費という）」の大半がこれに該当します。販売業においては販・管費の大半がそうです。

4、損益分岐点

図2で売上高線と原価（変動費＋固定費）線が交叉する点が損益分岐点です。売上がこの損益分岐点を超えると黒字になり、到達しないと赤字になります。

会社の収益性の改善を図りコストダウンを考える時、この損益分岐点の考え方をよく理解しておくことが重要です。それを理解すればコストダウンの様々な方策・アイデアが生まれてきます。

5、コストダウンのパターンを考える

コストダウンとは、一言で言えば損益分岐点売上を下げることを意味します。損益分岐点売上を下げることによって、

・たとえ売上が下がっても一定の利益を確保できます

・売上が現状以上なら利益の大幅増を達成することが出来ます

1)変動費（率）を改善する

変動費（率）の改善は限界利益（率）の改善と裏表の関係にあります。この限界利益（売上－変動費）が利益を生む源泉になります。

図2（損益分岐点）をご覧ください。

変動費の改善に成功して変動費率が下がると、変動費の線は傾斜がゆるくなって売上高と交わる損益分岐点は左に移動します（A新・損益分岐点）。つまり左に移動した分だけ売上が少なくても赤字にはならないことを意味しています。

反対に、材料費の値上げや売価の低下などで変動費率が上がると損益分岐点は右に移動して、移動した分だけ売上が増加しないと赤字に転落することになります。また、限界利益（率）がゼロ以下であれば永久に黒字になることはありません。価格を決めるときに重要な点です。

このように変動費が利益を生む源泉であることを考えるとコストダウンの第1は〝変動費率の改善〟であることは容易に理解できます。

そこで、何を変動費と考えるかということが問題になります。製造に比例する費目といえば会社によって多少の違いはありますが、材料費のように比例度の高いものと、光熱費のように機械設備の稼動にかかわる一部が比例的でその他は固定的なものもあります。

通常は、複雑な作業を省略するために比例度の高い主要な変動費を捉えて比例度の低い費目は無視して考えるのが実務的です。但し無視した分は損益分岐点売上が低めになるので、その分必要限界利益率を高めに設定する必要があります。

そう考えると、通常、変動費には「材料費」「外注加工費」、機械設備の多い加工業では「消耗工具費」などが該当します。

2)固定費（率）を改善する

固定費の削減も損益分岐点売上を下げる効果があります（図２）。

固定費の削減といえば、一般に人員整理（俗称リストラ）や不採算事業からの撤退などが上げられます。但し、短期的に且つ即効性を考えるとそうですが、中長期的に考えると別の視点が浮かんできます。

生産性の向上の意味を一言で言えば、固定費を据え置いて改善を進め、同じ人と設備でより多くの生産が出来るようにすることです。勿論一朝一夕には出来ませんが、活動を重ねて同じ人と設備で２倍の生産が出来るようになるとすれば、固定比率は１／２になる理屈です。

販売増が期待できるときは、この生産性向上の効果を狙う絶好のチャンスでもあります。

●まとめ

1、原価＝「変動費」＋「固定費」

2、損益分岐点を理解すれば、幅広いコストダウンの着想が得られる

3「変動費」の改善「材料費」

1、コストダウンの前に

①限界利益率が利益の源泉

限界利益（販売価格—変動費）は商品を1単位売って生じる利益を意味します。従って図1に示すように限界利益合計額が固定費額に達した点が損益分岐点になります。限界利益率が高ければ損益分岐点売上は小さく低ければ大きくなります。

限界利益率が利益の源泉で、コストダウンを図るときの大前提であり同時にこれを改善することがコストダウンの第一歩ということが出来ます。

②商品別・部門別限界利益をチェックする

御社では限界利益が個別（商品別、部門別その他）にどうなっているかが把握され管理されているでしょうか。把握されていたら、（図1）にならって整理してみてください。2～3割の商品や部門で利益の大半を上げている実態が浮かび上がってくると思います。

・利益率の高い商品は何か
・合計利益の80％をどの商品で上げているか
・赤字受注品は何か、赤字合計額はいくらか

図1：限界利益

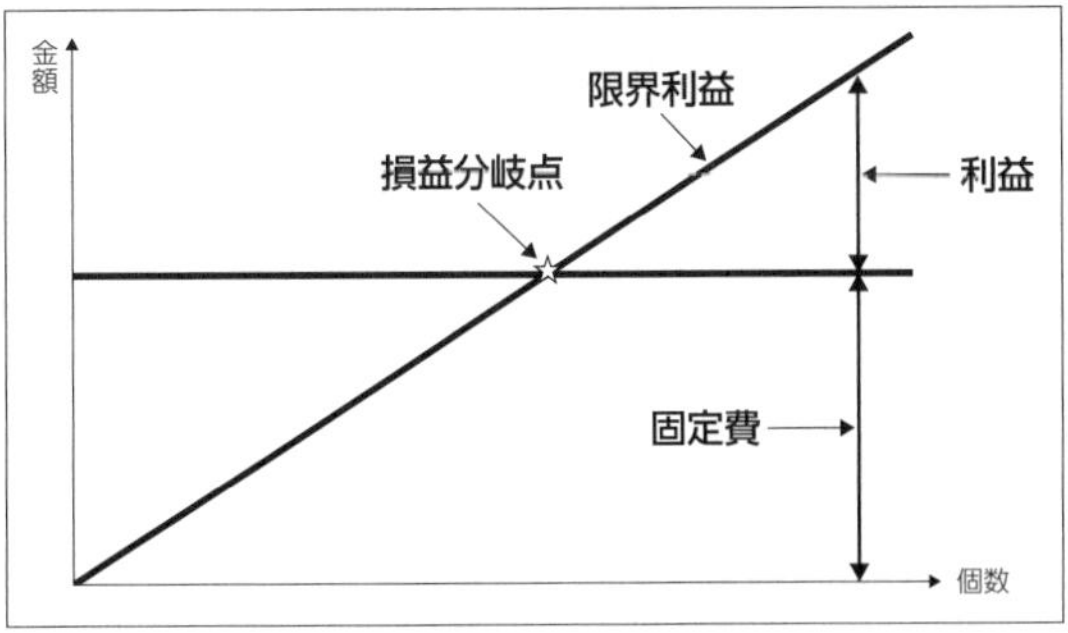

それによって、

・今後どの商品を伸ばすか
・どの商品を縮小するか
・赤字受注品をどうするか

などの方針を明確にすることで、会社の収益性は大きく変わってきます。

（表1）はある計器メーカーのセグメント別収益性の分析例ですが、このように整理してみると何が問題か、どうすればよいかがよく理解できます。

・売上の26・3％（約1／4）で総利益の82・9％を上げていること
・売上の16・7％（約1／6）が赤字受注で、これによって総利益の31・4％を失っていること

コストダウンを考える時に、先ずこの点を検討され、個別管理が出来ていない会社では是非その管理体制を整えられることをお勧めします。

表１：ある計器メーカーのセグメント別収益性分析

（単位：1,000＄）

セグメント	売上高	利益	売上高利益率	総売上高に占める比率		総利益に占める比率		総売上高に占める比率	総利益に占める比率	対策	市場の魅力	市場での地位	収益性
				単独	累計	単独	累計						
1	2,250	1,030	45.8%	1.9	1.9	7.7	7.7	26.3	82.9		ある	強い	極めて高い
2	3,020	1,310	43.4%	2.5	4.4	9.8	17.5				ある	強い	極めて高い
3	5,370	2,298	42.8%	4.5	8.9	17.2	34.7			販売体制を強化する	ある	強い	極めて高い
4	2,000	798	39.9%	1.7	10.6	6.0	40.7			管理の時間を増やす	ある	強い	極めて高い
5	1,750	532	30.4%	1.5	12.1	4.0	44.7			価格を柔軟に考える	ある	強い	高い
6	17,000	5,110	30.1%	14.2	26.3	38.2	82.9				ある	強い	高い
7	3,040	610	20.1%	2.5	28.8	4.6	87.5	57.0	48.5		ある	普通	高い
8	7,845	1,334	17.0%	6.6	35.4	10.0	97.5				ある	普通	かなり高い
9	4,224	546	12.9%	3.5	38.9	4.1	101.6			管理の時間を減らす	ある	弱い	まずまず
10	13,000	1,300	10.0%	10.9	49.8	9.7	111.3			販売体制を縮小する	さほどない	強い	まずまず
11	21,900	1,927	8.8%	18.3	68.1	14.4	125.7			製品を値上げする	さほどない	強い	まずまず
12	18,100	779	4.3%	15.2	83.3	5.8	131.5				ない	普通	低い
13	10,841	-364	-3.4%	9.1	92.4	-2.7	128.8	16.7	-31.4		ある	改善	赤字
14	5,030	-820	-16.3%	4.2	96.6	-6.0	122.6			事業の継続を見直す	ない	普通	赤字
15	4,000	-3,010	-75.3%	3.4	100.0	-22.6	100.0				ない	弱い	赤字
合計	119,370	13,380	11.2%	100.0		100.2		100.0	100.0				

出典『80対20の法則』リチャード・コッチ著

赤字受注に関する方針を明確にするだけで収益性を大きく改善した事例は、私の経験でも何社もあります。

2、材料費の改善（値下げ交渉以外にも方法はある）

1）材料のムダを改善する

どんなところに材料のムダがあるか、ムダの第一は不良品です。

①不良率の改善でロスを改善

不良によるロス・コストは加工費や信用失墜まで入れると、果ては会社の閉鎖に至るなど計り知れない程大きなものですが、その中の直接の材料ロスだけでも相当な額になるものです。

これらは言うまでもなく、不良率改善が材料費の削減につながることを意味しています。

このように、不良率は上手に進めれば短期に大幅な改善が可能です。「宝の山」と考えて積極的に改善に取組んで頂きたいことです。

不良率の改善については、大きなテーマなので改めて取り上げてみたいと思っています。

②試作回数を減らしてロスを改善

ものの製作には試作の工程があります。

その試作のロスがどれほどあるか工程ごとに把握しておられるでしょうか。その試作（トライ・ショット）の回数を減らすことが出来たらどれほどの効果があるか検討してみられてはどうでしょうか。

最近では、試作をコンピューター・シミュレーションで補って工程を短縮するケースが見られますが、これも実際の試作を省いて試作によるロスの発生を大幅に削減する有効な方法の一つです。

そもそも試作のロスはナゼ生じるのか、ロスの原因を追究してみるといろいろあることが分かります。

・連絡ミス（コミュニケーション・ミス）
・担当者の未熟
・機械操作の難度が高い
・機械の不調
・材料不良
・その他

それらの原因に適切に対処することでロスを削減することが出来るはずです。

印刷業F社の事例では、営業から印刷現場への連絡が遅く納品当日の連絡が多いことがあげられました。その結果時間の余裕がなくて、顧客の意向の伝達があいまいになったり、色合わせが十分出来なかったりして、いきおい試し刷りのロスが多くなっていました。そこで改善して当日連絡がゼロになったら、ロスが激減したのです。

このように試作ロスは技術が原因かと思いがちですが、

・営業による顧客の意向の把握の不足・不正確や遅れ

・社内の連絡の不足・不正確や遅れ　などなど

意外にこの種のコミュニケーション・ミスが原因であることは多くの会社に共通して言えることです。原因を確かめ改善したい点です。

又、機械操作や調整が難しいために試作のロスが増えることもよくあることです。

その場合の対策もいろいろ考えられます。

・機械の改善・簡素化

・機械操作の標準化

・担当者の訓練その他

原因を的確に把握して対処すれば、ここでも大きな効果が期待できます。

③廃棄ロスの改善（生産計画、在庫ロス）

生産計画のまずさや在庫管理のまずさによるデッドストックの廃棄ロスなども、そのまま利益減になる大きなロスです。

B社では、支援当初期末の廃棄ロスだけでも7～8千万円あるとのことでしたが、これは生産計画や在庫管理など全社の管理体制を地道に改善することによって削減されました。

このように材料費改善の着眼点や方法は実に多種多様です。大きな原因を抑え、有効な方法を見出すことによって大きな成果が得られます。

●まとめ

1、材料費の改善は値下交渉だけではない

2、「ロスの削減」「設計変更」に着眼すれば大きな成果が期待できる

４「変動費」の改善　設計主導のコストダウン

設計主導のコストダウンの事例として私自身の経験を読者のご参考に供したいと思います。

1、コストダウンのプロジェクトチームをスタートさせる

既に試作設計・技術試作を終えた時点からのスタートで、果たして十分な成果を上げうるか、又６ヶ月後に迫った発売時期に間に合わせられるか不安を抱えてのスタートでした。

先ずチーム構成を次に記します。

1)チームの構成

チームは「実行推進委員会」と「プロジェクトチーム」から構成されました。

①「実行推進委員会」

・推進委員長　　事業部長
・副推進委員長　　副事業部長
・推進委員　　関係各部部長８名

2）「プロジェクトチーム」

・統括リーダー　技術部長

・事務局　原価管理課長他　1名

①・企画チーム

技術部　6名

生産技術部　1名

製造部　4名

資材部、原価管理課、品質保証部、業務部　各1名

デザイン部　1名

合計　16名

②実行チーム

技術部　6名

生産技術部、資材部、原価管理課、品質保証部　各1名

製造部　0名

合計　10名

2、組織の壁を越えて、全部門・全員参加の体勢（C・F・T）をつくる

商品のコストは設計で70％が決まるといわれています。それだけに設計部門の役割は大変大きいということが出来ます。然し、設計図が完成してから実際に商品を生産開始するまでには現場各部門の協力が必要です。現場では材料事情、生産技術、設備などなど、量産開始までに解決すべき問題や課題が数多く生じます。そして当然のことながらそれらの後工程も、コストに大きくかかわっています。

それら設計に続く後工程の意見を、予め設計時に取り入れることができれば大きなコストダウンの成果が得られます。組織の壁を越えた全部門参加の活動がコストダウンに大変有効なゆえんです。

ところが、現実には思い通りには行かないことが多いのではないでしょうか。

コストを追究するあまり品質がおろそかになったり、人や設備など製造現場の事情を理解しない設計では不当に造りにくくなったりします。往々にして部門間で利害が対立して、設計部門対製造部門などといった部門間の争いが生じたり不信感が生じたりしています。

このプロジェクトでもスタートに当たり2つの問題に対処することになりました。

第1は、デザイン部を参加させたことです。

私はコストダウンの目標は思い切って大きなものを設定してほしいと思っていました。大き

な目標を掲げて限界に挑戦するのでなければ、真に価値ある成果は生まれないからです。

然し一方、コストダウンを追求するあまり商品価値を損なったら本末転倒で、大変気になる点でもありました。商品企画の責任者である技術部長が統括リーダーを勤め、技術部がメンバーの中心を構成するので極端な事はないと思われたものの気がかりな点でした。

そこで私はデザイン部をチームのメンバーに入れる事にしました。チームリーダーに対しては大きなコストダウン目標をノルマとする一方、デザイン部に対しては「商品価値を高める為には決して妥協するな。デザイン部は商品価値を高める為に消費者の立場に立って敢えて投資も辞さない覚悟で参加せよ」と指示をしたのです。

コストの削減を図りつつ、一方では商品価値を高める為に、時には激しい議論が戦わされる事を期待したのです。そしてこの意図は成功しました。デザイン部のメンバーは僅か1名ではありましたが、良くその役割を果たしてくれました。結局、活動期間中2回にわたって、統括リーダーの技術部長とデザイン部長が二人で私の決裁を求めてやってきたのです。

技術部長は「これをやれば目標は達成できる。然し…」と苦渋の胸の内を打ち明けました。私は技術部長に最大の配慮を示しつつも、2回ともコストはかかるけれども商品価値の高いデザイン部の案を採用しました。

第2は、製造部の抵抗でした。肝心の「実行チーム」に製造部が参加していません。それは

材料費削減チェックリスト

1、材料発注の社内ルールはあるか
2、材料発注の社内ルールは守られているか
3、材料発注の目標(基準)条件は予め設定されているか
4、材料発注は計画的に行われているか
5、材料発注の条件(価格、納期など)は明確に伝えられているか
6、値下の交渉は環境の変化に応じて適宜適切に行っているか
7、発注条件の変更時など外注先との連絡は緊密に行っているか
8、２社以上の複数購買になっているか
9、材料を他の有利な材料に変更できないか
10、部品点数を減らせないか
- 複数の部品を一つにまとめる
- モジュール化する
- 設計変更する
- 標準化する
- 省略(除去)する

11、関連各部門の知恵を集めているか
- 設計部門
- 購買部門
- 品質保証部門
- 生産技術部門
- 製造部門
- 営業部門その他

12、コストダウンの結果商品価値が下がっていないか
13、コストは据え置いても商品価値を高める方法はないか
14、関係者は目的は「売上高材料費率」の改善であることを理解しているか
15、「売上高材料費率」が改善しているか

かねて技術部が製造部の意見を聞いてくれないという製造部の不満に基づくものでした。

然し、このような壁はプロジェクトチームがスタートし、更に時間の不足を補うために2度に亘る合宿を行うなどする中で、見事に解消し全員参加の体制をつくることができました。

その活動を通じて、リーダーは事業部全体の利益に目覚め大きく成長し、また各参加者も多くの教訓を得て活動を終了しました。

注：クロス・ファンクショナル・チーム（C・F・T）

組織横断チームの意味。縦割り分業組織の弊害を除去して生産性を上げようとする組織。関係部門が活動の始めから参画することにより、関係部門の知恵を計画段階で結集して、後工程での修正逆戻りのムダを削減できるなど高い生産性が期待できる。

後に日産自動車で採用され、会社再建の中心的役割を果たすと同時に、社内にC・F・T活動を広め、改革とあわせて人材育成の効果があったことでも有名。

商品計画にも営業をはじめ製造各部門の代表から構成するC・F・T活動が採用されている。

●教訓
1、コストダウンの真の目的は、「売上高原価率」を下げること
2、商品価値（価値／コスト）を高めることが肝要
3、C・F・Tが人を育てる

5「変動費」の改善　外注費のコストダウン

1、21世紀型外注管理

１９９０年代に見られた「下請け従属型」や「系列化取引形態」から、21世紀型は相互乗り入れ型や相互補完方の取引形態が主力になると言われ徐々に変化しています。

「相互乗り入れ型」とは、お互いの得意分野を利用し合い、より強固な企業体質を目指した取引形態です。たとえば、開発能力を持ち、高度な専門技術と加工能力を備えた外注先・協力工場が注目されるようになります。

従来は、発注側が一方的に取引先を取捨選択しましたが、これからは取引先が厳しく発注側

を評価し、選別することも考えられます。また、発注側の経営ノウハウや管理システムに魅力を感じ、取引メリットがあると判断すれば、優秀な取引先が集まり、21世紀に対応した相互乗り入れ型の取引形態が構築されることになります。

2、外注工場と一体で、高品質、短納期、適正価格を実現しよう

企業と外注先との関係は時代と共に変わりますが、高品質、短納期、適正価格を外注工場と一体となって追求する必要性は、いつの時代になっても変わりはありません。むしろ強くなっているという事ができます。

また外注先はその企業の鏡であるともいわれます。個々の外注先との関係はそれぞれ一様ではありませんが、発注企業と外注先が相互にその得意とするところを生かし、協力し合い、一体となって顧客満足を高める努力をすることが基本的に求められています。

それぞれの企業との取引の目的や基本方針を明確にし、それに基いてよりよい協力関係を築いていかなければなりません。

3、外注工場の管理は出来ていますか？

1)A社（機械製造会社）の事例

―外注先の「納期遅れ」に端を発して「設計の生産性向上活動」へ―

A社では工期を短縮して在庫を削減する活動を行っていました。その一環として外注部材の在庫を削減しようということになったのですが、一足飛びにはいかないことが分かりました。問題は外注部材の納期でした。納期確保率がなんと50％という低率でした。これでは購入部材の在庫は膨らむ一方で削減どころではありません。よく調べてみると、発注時に納期の指示がなされていませんでした。発注側のA社に原因があったのです。

改善は〝発注時に発注書に基づいて納期を明確に指示する〟という自社の改善から進められました。

更に外注先の意見を聴取すると、納期遅れの原因が他にもありました。A社の設計変更が頻繁に行われるため外注工場では混乱を来たし、設計図のどれが最終的なものか分からないことさえある事が分かりました。

このようにして、〝外注先の納期遅れ〟に端を発した活動は、発注書に基づく発注の徹底や図面管理の指導と同時に、問題の根本的解決のためにA社の設計変更のムダを減らし設計の生産性向上を図る改善に発展することになりました。

2) B社（精密部品製造会社）の事例

―外注先への恩義と遠慮が関係を受身にしていた―

B社では鋼材とメッキが主な外注品でしたが、創業以来外注工場の好意的とも言える支援を受けて順調に成長してきたとの認識や、環境問題からメッキ工場の転注先がないとの思い込みから、外注先との関係がかなり受身になっていました。

その状況を打破しようと改善が鹿児島工場から始まりました。メッキ工場に対して、月1回の出張指導を軸とする品質の集団指導が始まりました。又メッキ工場も、担当者をB社に派遣してB社の受け入れ検査に立ち合わせる等して協力を惜しみませんでした。そうした相互の協力によって課題だった「品質」がみるみる改善されていきました。

〝案ずるより生むが易し〟。一旦話がまとまると、厳しい競争を発注者と受注者が協力して乗り切ろうという共存共栄の姿が実現したのです。

3)C社（印刷会社）の事例

―「発注ルール」がないまま外注が過大に、原因は社内の不協和音―

C社では、原価の改善点を探る中で、注文をとってくる営業部門と印刷や工程管理などの現業部門との協力関係が上手く行かず、社内で印刷可能なものまで外注に回していたことがわかりました。

本来、自社で印刷加工できないものを外注する方針だったのですが、いつの間にか社内の協力体制が悪いために社内で出来るものまで外注するという、思いもよらぬルール不在の状態になっていました。

社内関係部門の協力体制の重要性、部門間の信頼関係の重要性を物語るもので、一旦それが失われるとどれほど深刻な事態をもたらすかを示しています。

4)D社（部品製造会社）の事例
—納期遅れの原因は自社に—

D社では、D社自身の納入先に対する「慢性的納期遅れ」が問題でした。その結果関係部門の深夜に及ぶ残業は常態化していました。そうした中で外注先にも「納期」を守って頂こうと、社長が呼びかけられて外注工場の社長を集めての会議が開催されました。

ところが会議の様子を社長にお聞きすると、外注工場からの発言は、意に反して発注者であるD社に対する要望が殆んどで大変恥をかいたとのことでした。

外注先との関係では、通常発注側と受注側双方に原因があるものですが、このように自社（発注側）にも多くの原因があることを理解すべきです。

●教訓
1、何のために外注するのか、外注の目的を明確にする
2、外注先との関係は〝共存共栄〟の精神で
3、原因の半分は自社にある

6「変動費」の改善　その他変動費の改善

1、その他の変動費

変動費の中には準比例的性格のある費用があります。比例的性格のあるその他の変動費について述べることにします。

会社によっていろいろですが、利益を生む源泉であるだけに読者の会社でも、どんな費用があるか整理されて、優先順をきめて改善に取組まれることをお勧めします。

次に、その他の変動的費用の代表的なものを挙げます。

水道・光熱費

動力費（電力、ガス、オイルetc.）
潤滑油
運搬費
消耗工具費、その他消耗品費

2、エネルギー消費のムダをなくす

①水は天からの貰いものではない
水は、加熱、蓄熱、冷却、洗浄などの使いみちに応じた水質を考えることが大切です。
又、一度使った水も、水処理の工夫で再利用を図ることを考えましょう。

②電力費用にムダはないか
工場の電力消費量が契約電力とかけ離れている場合、電力費用にムダが出ます。ピーク時の負荷を減らすことによって、契約電力を切り下げれば、基本料金が下がり、電力コストを削減できます。

その他、夜間蓄電電力をピークカットに利用するなど、エコ発電と呼応した動きも出てきています。

③ＬＥＤ照明の採用で電力削減

一般にLED照明には、従来の照明に比べて電力消費を抑える効果があります。

④熱漏れ、蒸気漏れ、エア漏れ、油漏れ、水漏れはないか

以上エネルギー消費の中でも、特に電力費の削減は大きなコストダウンにつながることが多く、工場全体をチェックをされることをお勧めします。

・生産ラインの余分な稼動はないか、ラインを減らせないか

・休憩時にラインがムダに稼動していないか

・汚水処理、空調、排気、脱臭など付帯設備の使用電力は削減できないか

・照明は必要なゾーンに分けて、オン・オフできるようになっているか

3、消耗工具費のコストダウン

部品製造工場では多くの機械設備を使っているので、工具の使用量も多いものです。

1)行った主な対策

・工具在庫の所在場所と員数を把握（管理不在→在庫管理体制確立）

・寿命が残っている中古工具を集中管理して使い切る

・工具発注方式を改善（作業者個別発注を会社で統一発注に）

・工具寿命の改善（材料変更、潤滑油変更etc.）

・工具の設計変更（複数工具の統合、構造の簡素化、衝撃緩和etc.）
・作業の標準化と作業者指導etc.（それまでは作業者ごとにバラバラ）

2)懸念された問題点

①「工具メーカーの協力が得られるか」
工具メーカーにとっても工具の使用現場の情報は貴重で価値のあることから、共同研究が進むことになりました。

②「広い専門知識が必要」
県の技術研究所や大学の先生の熱心な指導を得ることに成功し、学会で研究発表の機会を得るなど社員の意欲も高まりました。

4、まとめ

変動費、固定費の区別は、固定的ではなく、時に重要な経営判断でもあります。期間従業員の採用による人件費の変動費化はまさにその一例です。

●教訓
1、省エネは優先順位を決めて即時着手。やらないと競争に負ける
2、都府県の研究所や大学など、社外の協力を得て大きな成果を上げる
3、外注先もよきパートナー

7 固定費のコストダウン　生産性とは

固定費とは、ある一定期間、操業度（生産高、売上高）にかかわらず発生する定額の費用を言います。これまで述べてきた変動費以外の費用、つまり機械設備の減価償却費やリース料、人件費、間接部門の費用などがそれにあたります。

1、固定費を削減する

固定費削減の方法は、大きく分けて
①不採算部門の縮小削減（俗称リストラ）と

②生産性の向上

があります。

2、不採算部門の縮小削減

どこの会社にも赤字部門や赤字受注品があります。従って事業部門ごとや商品ごとに収益性を分析してみてください。意外な実態が浮かび上がってきます。その実態を把握したうえで、不採算部門については、市場の成長性、自社の競争力（技術力、市場シェアーなど）や発展性などを考慮してその後の方針を検討する事が肝要です。

縮小が妥当と考えれば、

①部門の撤退や縮小

②余剰機械設備の処分、廃棄

③余剰人員の削減

を行い、固定費の削減を図ります。

然し、これは言うまでもなく会社の将来の方向を決める経営方針にかかわる問題なので慎重に検討すべきことは言うまでもありません。

3、生産性向上は「能率」と「稼働率」の掛け算で

固定費のコストダウンは、生産性の向上によって大きな成果を上げることができます。そして市場が拡大しているときや、新製品の開発に成功するなどして売上が伸張しているときこそ、生産性向上のビッグ・チャンスです。この機会を逃さず、競争力を鍛え上げる努力を積まれることを期待します。

生産性向上とは、簡単に言うと、人と設備を増強せず、増大する生産高・売上高を達成することをいいます。数式で表すと次のように表すことができます。

労働生産性＝稼働率×能率
　＝（実働時間／保有時間）×（生産高／実働時間）

※保有時間：正規の勤務時間×人数
※実働時間：残業を含む実際の延べ勤務時間

機械設備生産性＝機械設備稼働率×稼動台数当たり生産高
　＝（機械設備稼働時間／機械設備保有時間）×（生産高／機械設備稼動時間）

※機械設備保有時間：24時間×機械設備保有台数
※機械設備稼働時間：準備を含む機械設備の延べ拘束時間

4、生産性向上の着眼点

「能率」と「稼働率」について

「能率」とは単位時間当たりの生産高を意味します。つまり、人の場合は〝就業1人当たり単位時間の生産高〟を意味しますし、機械設備の場合は〝稼動1台当たり単位時間の生産高〟を意味します。

「稼働率」とは全体の持ち時間の中で生産のために実際に投入された時間を意味します。従って、「能率」と「稼働率」は逆数の関係になります。生産高が同一であれば、「能率」が上がれば「稼働率」は下がりますし、「能率」が下がれば「稼働率」を上げて生産を確保することになります。

そして、「能率」を上げることは現場の仕事であるのに対して、「稼働率」を上げることは幹部の仕事であるといえます。つまり、現場は大いに改善を進めて「能率」を上げ、「稼働率」の余力を生み出すことを求められているのに対し、幹部は生じた「稼働率」の余力を更なる売上増・生産増のために活かすことを求められています。

このようにして、現場と幹部がそれぞれ努力することによって、生産性はその掛け算で向上します。それぞれが10％の改善をすれば、生産性は110％×110％＝121％になって21％の生産性向上が達成されます。

又固定費率は、100／121＝0・83と17％のコストダウンが達成されることになります。これは、現有の人と設備で121％の生産が出来ることを意味し、或いは人と設備を17％削減できることを意味しています。

●教訓
1、固定費率は「生産性向上」で大きな成果を
2、現場は「能率改善」幹部は「稼働率改善」、掛け算で大きな成果を

8 固定費のコストダウン　製造部門の生産性向上

1、製造部門の課題

〝セミナーに参加して「シングル段取り」の勉強をしてきたので、その改善に取り組んだが果たして経営にどれだけ貢献したのか、顕著な効果が見えない〟

こんな批判があります。これは会社のコスト競争力を高めるために何が最も効果があるのか、

その優先順位を考える視点が欠けていることによるのではないでしょうか。取り組みの順序が逆だとこんなことになりかねません。次のように、経営の視点で優先順位を考えることが肝要です。

①利益・率（限界利益、売上総利益、営業利益etc.）の改善目標を設定する。
②利益・率が低い原因と問題点はなにか
　会社のコスト競争力を圧倒的に強化するための可能性はどこにあるのか
③その優先度の最も高いものから着手する
　・期待効果の最大のもの（バイタル・フュー）を探せ
以上のプロセスを踏んで、課題を明確にして、その改善に取組めば、目標達成の暁には必ず経営に貢献する成果が上がるはずです。

2、優先順位の考え方

次に、1部重複しますが優先順位を決めるために参考となる法則を2つ紹介します。
・バイタル・フューを探せ・・・・・
・ペイオフ・マトリックス（**図1**）
難度が低くて効果の高いものから優先する考え方です。図中のA、B、C、の順に実行して

図１ペイオフマトリックス

A、B、C、D、の順に優先する

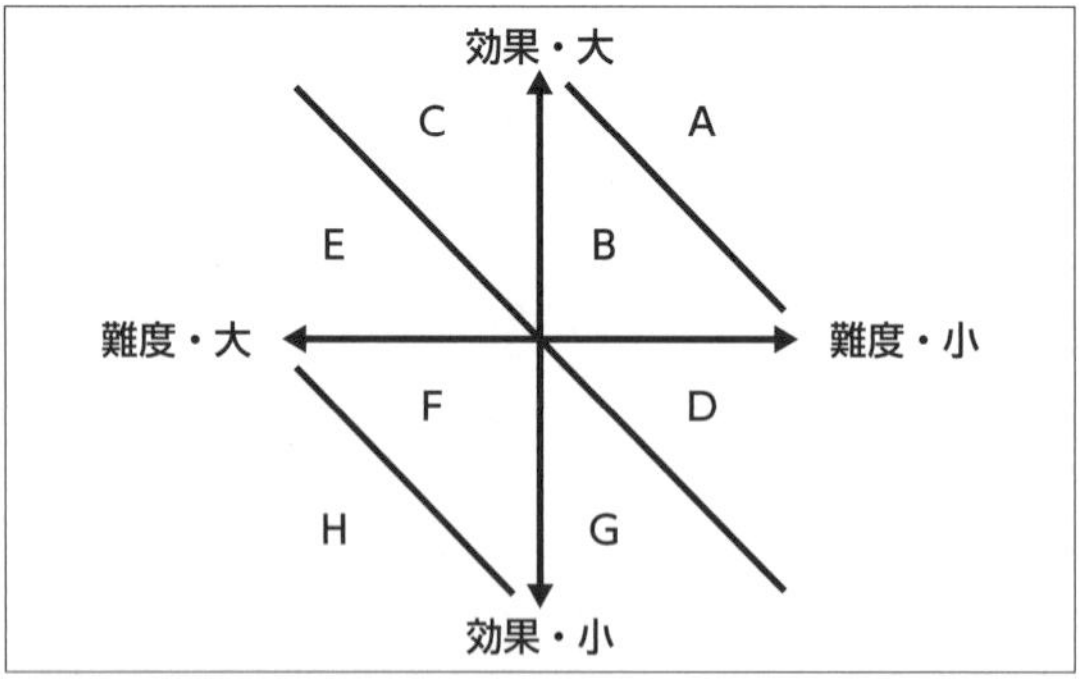

いきます。

3、レイアウトを改善する

製造部門の生産性向上策として、先ずレイアウトの改善について紹介します。一度読者の工場のレイアウトの現状を見直してみてください。意外なムダに気がつかれると思います。見直す基準は図2の通りです。

以下事例に基づいて説明します。

・事例――1

流れ線図（改善前図3）をご覧ください。

図3はある製造会社の事例です。〝レイアウト改善のポイント〟に従って検討してみてください。次のことに気づかれると思います。

①移動距離が長い

図２流れ線(レイアウト)改善のポイント

作成の目的

1．人、物の移動回数を減らす
2．移動・運搬の距離を短縮する
3．人、物の動きの集中を避ける
4．運搬方法、設備を改善する

改善のポイント

1．単純経路(直線)にする
2．メイン通路を確保し、機械・作業台を直角平行に
3．一方通行にする、逆行をしない
4．動線は交叉しない

②熱処理職場や組立職場は人やものの動きが集中しそうである
③斜めの線が４箇所ある
④逆行する箇所が２０箇所ある
⑤交差する箇所が７箇所ある

このように、多くの会社では会社設立以来増設を繰り返して現在に至っていることなどもあって、レイアウトからくるムダが随所に生じています。

流れ線図（改善後図４）をご覧ください。
上記５つの問題は殆んど解決され、その結果移動距離は約３分の１に削減され、人の能率や工期が圧倒的に改善されました。又、集中箇所や交叉箇所がなくなったことによって、

図3流れ線図（改善前）

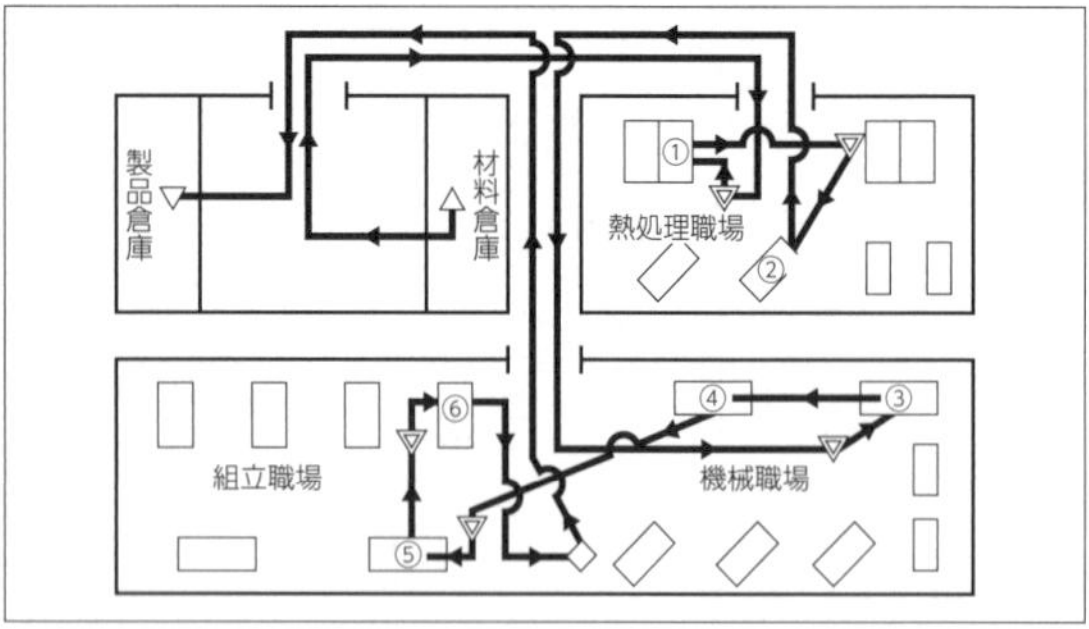

参考文献をもとに著者作成

心身の疲労感がなくなり安全や品質にも目に見えない効果があったと考えられます。

実際には場所の制限や建物の改造に要する費用など、レイアウト改善に伴う制約があって、一挙に理想図に持っていくことは出来ないものですが、理想図を描いて一歩ずつそれに近づけていくべく努力することが肝要と思います。

・事例―2

入庫品を初めから出庫域に並べて作業することによって、最後にかかっていた出庫場所への移動時間6時間をゼロにした事例もあります。これによって全工程に要していた11時間を4時間に、約3分の1に短縮した事例でした。

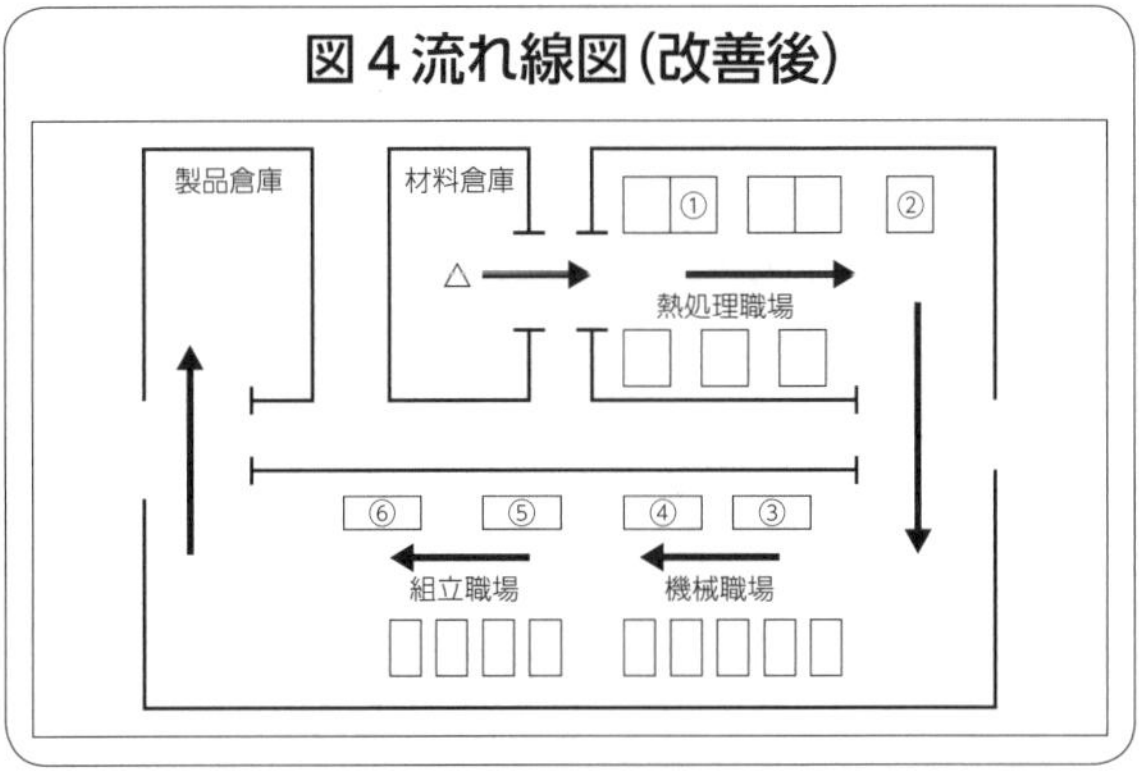

参考文献をもとに著者作成

この事例では、レイアウト変更に関する費用は一切かかりませんでした。

●教訓

1、改革・改善は経営の視点で優先順位を決めてこそ経営に貢献。〝バイタル・フューを探せ〟

2、レイアウトの改善で生産性を大きく改善

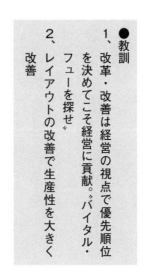

9 製造部門の生産性向上〝シングル段取り〟で機械と人の生産性向上を

1、〝シングル段取り〟とは

製造工場では多数の機械設備を使っています。そして生産品目が変わるたびに、金型や工具の交換（段取り替え）に多くの時間を要しています。機械によっては数時間から丸1日、或いはそれ以上の時間を費やしている場合もあります。その間の機械の停止時間（非稼働時間）と従事している従業員の作業時間を、生産に直接貢献していないムダ時間と理解することが大事です。

〝シングル段取り〟とは、

・1回の段取り替えに要する時間（最後に完成品を生産してから次の完成品の生産を開始までの時間）を10分未満にしようという考えです。

期待できる効果は、

・機械設備と人の生産性向上
・工期短縮
・仕掛在庫の削減

・多品種少量生産へのスムーズな対応etc.

です。

2、強い意志で〝シングル段取り〟に挑戦しよう

―シングル段取りは意識革命である―

これまで、数時間、１日或いはそれ以上かかっていた「段取り替え」を10分未満でやろうというのですから、大方の方が「そんなことが出来るのか」と疑問に思われるのではないでしょうか。私も顧問会社でそれを口にすると、必ず「そんなことが出来るか」「熟練あるのみだ」と反発を受けます。担当者も毎回一生懸命努力しているわけですから、反発があるのは当然だと思います。

然し、トヨタをはじめ多くの会社が実現し、更に〝ワンタッチ段取り〟と言って「２分以内」に挑戦している会社もあることを知っていただきたいのです。

重要なことは強い目的意識をもってシングル（10分未満）に挑戦することです。そして先ず１台の機械を取り上げて、シングル化に成功すればその輪が広がっていきます。

これは正に意識革命です。

私も、工具の部品を一体化することによって、時には１日以上かかっていた調整が不要（ゼ

ロ）になったり、最後までシングル化できなかったプラスチックの成形工程が、交換用の容器を用意することによって見事にシングル化した事例など、多くの事例を見てきました。

3、段取り替え作業の改善〝シングル段取り〟の進め方

準備→取り外し→取り付け→調整→トライ→後始末、の工程順に要点を記します。

1）準備は事前に→外段取り

機械をとめないで、段取り替えを開始する前にすること、あるいは段取り替えをした後ですることを、一般に「外段取り」と言っています。

準備作業

・担当者への連絡
・金型、冶工具の準備
・材料、部品の準備
・プリセット化
・プレヒート
・部材や冶工具の手元化

2）取り外し作業の迅速化

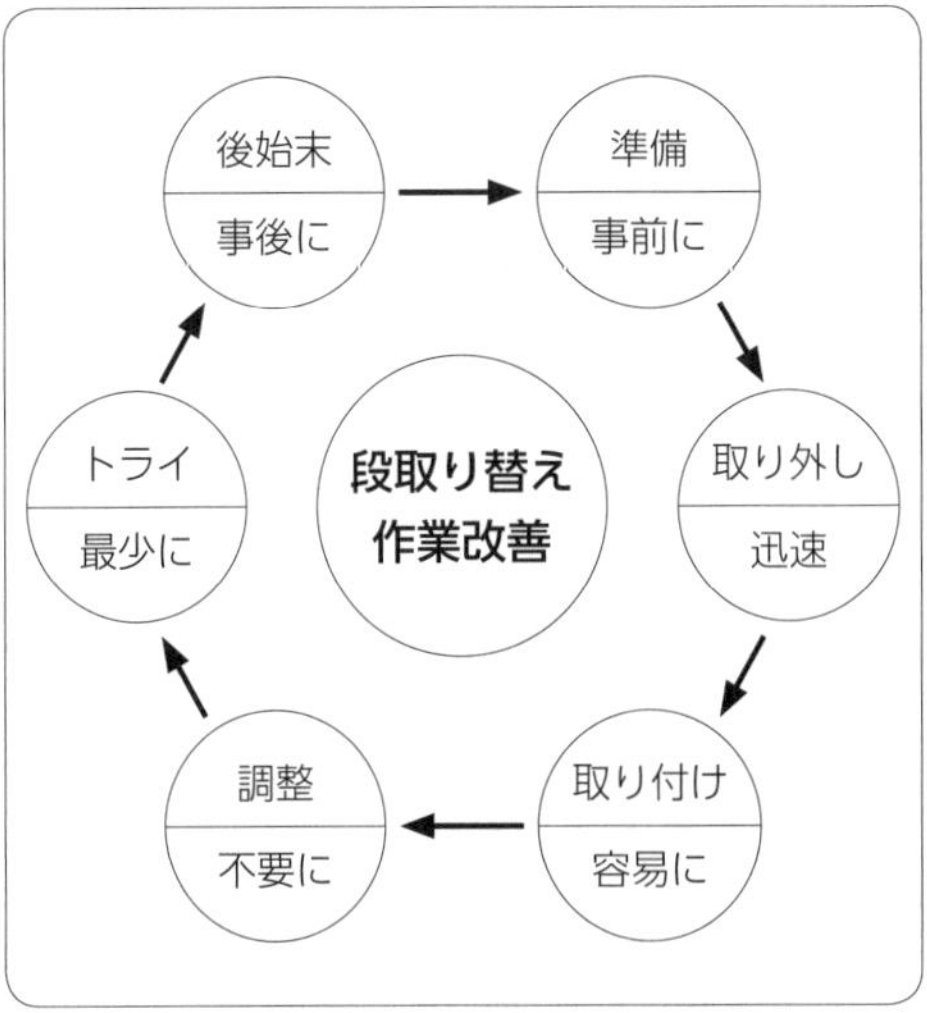

・ボルト、ナットは1回転締めに
・単純化、ワンタッチ化を工夫
・楽な姿勢、小さい力、すばやい動作、持ち替え不要の工夫
・「ラチェットスパナ」「ロングハンドスパナ」「T型スパナ」利用
・材料替え、色替え（プラスチック成形加工など）の迅速化
・予測の精度を高めホッパー内の材料量を少なくしておく
・パージ材を使用する
・容器を複数用意して丸ごと交換する（外段取り）

3)取り付けを容易に

・〝パン！ピタン！〟「パンとセットして、ピタンと決まる」

・金型、冶工具などの位置決めの簡略化が決め手、突き当て、押し付けで寸法を出す
・X（左右）方向、Y（前後）方向、Z（上下）方向
4）調整は不要にして省略する
・複数の部材や冶工具をモジュール化、カセット化
・冶具は共通、大きさはパットで調整
・微調整は基準面、基準点を起点として一定化が決め手
・〝パン！ピタン！〟と取り付けされた状態から、これを基準に一方向に微調整を行う（上から下、左から右、大から小、強から弱など）
5）トライ（試し打ち）を最少に、一発目から良品が目標
試し加工は最少限に、〝一発目から良品〟が理想
検査を不要にする
・取り付け作業、調整作業の改善
・作業の標準化が決め手
（例）プラスチック成形加工におけるスタート前の「金型の予熱温度」「スタート時の成形条件」「トライショット数」など
6）後始末作業の改善

後始末は、次の製品の段取り替えを終え、生産をスタートさせてから行う
・金型、冶工具の収納
・余った材料、部品の整理、整頓など
整理整頓
・金型、冶工具の収納は、置き場所、置き方、表示の仕方を工夫していつでも、誰でも、必要なものを、直ぐ、収納取出しが出来るように改善
・金型は、収納する時に、次回の利用がＯＫかＮＧかを判断しておく
ＯＫの場合は、精度保持に必要な防護、防錆処理をして収納する
ＮＧの場合は、問題箇所、補修要望、完了時期などを明確にして、補修を終えた後に収納して次回の生産に備える

●教訓
1、〝シングル段取り〟は意識改革
2、〝シングル段取り〟は現場改善の宝庫

10 製造部門の生産性向上　機械設備の保全活動で機械設備の総合効率を高めよう

1、「6つのロス」と機械設備の「総合効率」

一般に、機械・設備に関しては6種類のロスが存在しているといわれています。

・時間ロス：「故障」「チョコ停」「段取り替え」など
・品質ロス：「不良」「歩留」など
・「生産立ち上がりロス」など

機械設備保全は、これらのロスを絶滅するために、設備計画部門、使用部門、保全部門が全員参加で活動し、次に示す機械設備の生涯の総合効率を最高度に実現することを狙いとします。

総合効率＝時間稼働率×性能稼働率×良品率

・時間稼働率＝稼働時間／計画時間
・性能稼働率＝実現能力／保有能力

仮に、時間稼働率80％、性能稼働率80％、良品率95％とすると、総合効率は 80％×80％×95％＝60・8％となります。これは機械の能力を60・8％しか生かせなかったことを意味しています。

２、時間稼働率を上げる

1)機械設備保全

機械設備の効率を高めるには、日頃の保全活動を充実することが重要です。

①現状を調べる

保全活動に着手するためには、現状を把握することが第一歩です。それには機械設備保全活動の評価尺度である次の尺度に基づいて調べるのがよいです。改善すべき問題点が見えてくると思います。

・故障度数率＝故障件数／単位運転時間
・故障強度率＝故障休止時間／単位運転時間
・製品単位当たり保全費＝保全費総額／生産高

②機械設備保全の考え方

・予防保全（ＰＭ：preventive maintenance）
定期的な点検を行い、設備毎に履歴を記録し、劣化部位の予知、事前取替えを行って、設備の機能低下や機能停止を事前に防止する。
・事後保全（ＢＭ：breakdown maintenance）
故障してから行う保全で、その方が経済的な場合に適用する。

・改良保全（CM：corrective maintenance）
故障せぬよう、保全手数がかからぬよう、設備自体の改善を行う。
・保全予防（MP：maintenance prevention）
保全活動が不要な設備を作る。
・日常保全（RM：routine maintenance）
日常（毎日、毎週）行う設備の点検、清掃、調整、給油、取替え等。
劣化を防ぎ、寿命を延ばし、修理費の削減をもたらす。

2)冶工具管理

冶工具管理とは、工場で効率よく生産活動が維持されるために、適正な冶工具が準備され、必要なときに作業者に素早く供給されるようにすることです。冶工具を、常に使用できる環境に整備することは、製品品質の安定化と、ムダの減少、設備性能維持などを通じて、コスト低減に寄与することになります。

（冶工具管理の役割）
・品質の安定化（冶工具の性能・レベルの均一化）
・作業のムダの排除（探すムダ、工具劣化予防、在庫のムダ）
・設備性能の維持（設備の機能、性能が十分発揮できるような冶工具の整備）

冶工具管理のチェックポイント

		良い	悪い
1．	冶工具の性能レベルは、統一されているか。	○	×
2．	冶工具は整理・整頓され手元化されているか。	○	×
3．	冶工具の劣化防止対策はなされているか。	○	×
4．	機能・性能が十分発揮できるように整備されているか。	○	×
5．	性能劣化品が、在庫に算入され、混在していないか。	○	×
6．	必要なときに、必要な量が確保されているか。	○	×
7．	標準や規格に基づいて管理されているか。	○	×
8．	在庫の最大・最小が決められているか。	○	×
9．	冶工具の改善や新冶工具の開発に努力しているか。	○	×
10.	受け払いが確実に記録されているか。	○	×
11.	精度や性能の維持に努力しているか。	○	×
12.	冶工具管理の合理化やムダの排除に努力しているか。	○	×

・コスト低減（設備稼働率の向上）

3）無人運転への挑戦

ある部品製造会社では、夜間無人運転を前提にして稼働率の分母を24時間にして管理していました。このこと自体は大変いいことですが、残念なことに無人運転に見合う実力が乏しく、夜間無人運転時の機械故障による品質不良が多く、工程不良率は昼夜合計で実に15％に達していました。

そこで、「無人運転成功率」の向上を目標にして活動を開始したのですが、実はこのことが機械故障の大きな改善につながりました。「無人運転」を目標にすると機械故障に関するあらゆる問題点が見えてくるからです。

3、性能稼働率を上げる

一般に、機械はそれが保有している能力の100％を利用しているわけではありません。例えば、機械の回転数もそうです。カタログの表示は200回／分と記述していても実際には120回転で運転したりしています。表示されている性能どおり回転数を上げると、振動が大きくなったり、磨耗が激しくなったりして不都合が生じるからです。回転数を上げるためには、振動の軽減策、潤滑油の選択、機械部品の耐久性の改善などなど、工夫努力して有効な対策を講じることが必要です。

私の経験でも、300回転を500回転に、更にカタログの表示を超えて750回転に挑戦し、その後、社長指示で1000回転の新鋭機の開発に進んだ事例があります。

・良品率を上げる

4、コストダウンへの道

このように、機械設備の総合効率の改善で大きなコストダウンが可能になります。そして国内製造業は、今まさに発展途上国の低労賃に対抗するための「無人化」レベルの改革が求められています。また、加工組立業においても既に1ヶ月無人運転を実現した会社も出現しています。

●教訓
1、「無人化」を考えると、機械設備故障のあらゆる問題点が見えてくる
2、機械設備の改善には「総合効率」と「保全の評価尺度」で目標を設定する

11 製造部門の生産性向上　「作業改善」で労働生産性を上げよう

労働生産性は次の式で表すことができます。

労働生産性　＝（稼働率）×（能率）
　　　　　　＝（実働時間／保有時間）×（生産高／実働時間）

従って、生産性は次の二つの視点に着眼して改善します。
①作業改善や工程改善による実働時間の削減
②人の稼働率の改善（ムダ作業の排除）

生産性の改善効果は二つの成果の掛け算で現れるのはすでに述べた通りで、それだけ大きな成果が期待できることになります。

1、作業、動作のムダを省く（表1）

各種の作業を観察して、どこにムダがあるかを把握します。表1「作業動作のムダ」をご覧下さい。ムダを把握するヒントをまとめています。ムダの排除（生産性向上）の目標を設定し、改善のヒントを提供すれば、問題点と対策は自ずと現場から出てきます。

ムダ・ムラ・ムリを省いて、作業者が最高の能力を発揮できる作業方法の改善工夫、作業をし易くするための場所や環境の改善工夫、更には工具・治具の改善工夫などに取り組むことが有効です。

次に2社の製造現場改善の事例を紹介します。

（事例1）　A社（枚方市）

工業用ブラシ製造会社です。6ヶ月計画で30％の生産性向上（単位時間あたり生産高30％UP）という大きな目標に取り組んでおられますが、パート社員、アルバイト社員を含む全社員から素晴らしい提言がなされ、改善への気運が高まっています。次にその極く一端をご紹介し

表1作業動作のムダ(例)

区分	事例
ムダな動き	•持ち場を離れる
	•歩行
	•材料集めや後始末
手空き	•共同作業の手空き(手待ち)
	•閑視作業(見ている作業)
	•流れ作業のラインバランス・ロス
	•多台数・多工程もち作業の手空き
ムダな作業	•方向を変える
	•持ち替える
	•保持する
	•位置決め(位置を正す)
	•探す
	•選ぶ
困難な作業	•力仕事や不自然な姿勢
	•注意力の要る仕事

ます。

①〝歩行のムダ〟の排除

従来電話やメールの受発信のため、製造幹部社員が製造現場から別棟にある管理事務所を往復していた「移動（歩行）時間」をゼロにする。

・1日当たりの往復回数　↓　平均7～10回

・1回当たりの往復にかかる時間　↓　平均3～4分

・改善目標　上記移動時間を「0」に

②〝運搬作業〟の排除

工場の受け入れ場所（南の端）から作業場所(北の端)へ移動運搬していた重量部材(平均500kg)を、作業場所で受け入れるようにレイアウトを改善して運搬作業を省略する。

・1日当たりの移動回数　↓平均3〜4回
・1回当たりの移動にかかる時間　↓平均8分
・総所要時間　15人日／年
・改善目標　上記所要時間を「0」に

（事例2）B社（神奈川県）

①〝探すムダ〟を工具の手元化で排除

製造現場で、工具や部品などを探すことがよくありますが、これは代表的なムダ作業の一つです。

②〝運搬のムダ〟を省略した傾斜付きコンベア

それまで、床に直置きしていた金属部品を台車に積んで次工程まで人が運搬していたのを、コンベアに載せるだけで傾斜を利用して次工程に送れるようにし、運搬作業を省略した事例です。

③キャスター付き台車

中間仕掛品や製品などを、床に直置きしないでキャスター付きの台車に載せて保管し、そのまま（持ち上げ、積み込み作業が不要）移動できるようにした事例です。

傾斜付きコンベア

そのまま移動

2、作業標準書を作成する

熟練者と未熟者とのあいだに作業時間が2倍も差があるとか、それほどでなくてもバラツキが大きいなどということはないでしょうか。

慣れた作業者と不慣れな作業者、それらの作業時間の間に10％以上の差異があるとき、または作業者間で品質に大きなバラツキがあるときなど、主な原因の一つに「作業標準書の不備」が挙げられます。

作業者の作業を助け、習熟を早め、作業者間のバラツキを少なくするための第一歩は、分かり易い作業標準書を作成することです。

表に、「作業標準書のつくり方」を示します。

●教訓

1、〝知恵は現場にある〟

具体的な目標を設定し、ヒントを与えると知恵は現場から湧いてくる

2、作業者間の能率のバラツキの改善は先ず〝作業標準書〟の作成から

作業標準書のつくり方

(1)どんな原材料、部品を使っているかを示す

原材料、部品は、作業標準とは別に検査規格や購買規格で規定されていますので、それをもとにしてつくります。

(2)何を使って作業するかを示す

どの機械、設備、冶工具を使ってつくるかを規定するので、具体的に書くことが大切です。この場合、設備管理規定や治具・工具管理規定との関連について調べることが必要です。

(3)作業条件、作業順序、作業方法など作業のコツを示す

作業標準をつくる上でこの項目が作成上いちばん難しく、また重要です。正確な表現、分かり易い表現が必要です。

そのためには、数量化することがまず重要です。また、作業のカン、コツ、ツボといったものは、直接担当している作業者に話してもらい、それをもとに書くのが早道です。

(4)注意事項について示す

たとえば(3)の場合、「こうやれば必ず失敗する」「不良が出る」「危険である」など問題点がはっきりしているようなことは、注意事項として明記しておきます。

(5)標準作業時間を示す

生産管理、原価管理の面で重要な項目なので、標準時間を定めておく必要があります。

(6)事故が起きた場合の処置を示す

処置のとり方、上司への報告など、責任や権限の所在を明示します。

(7)読み易く、誤りのないこと

- 横書き
- 簡潔、明確
- 箇条書き
- ビジュアル化(図、表、イラスト、写真 etc.)
- カード式

12 製造部門の生産性向上　「工程改善・工期短縮」で生産性を上げよう

工期短縮は納期管理に直結する重要な課題ですが、納期については改めて別の機会に譲るとして、製造工程の工期を短縮して生産性を上げることについて説明します。

1、工期に関する問題点

・計画した工期が守れない、遅れる
・工期を更に短縮したいが、どうしたらよいか方法がわからない
以上のような問題を抱えておられる会社が多いのではないでしょうか。
工期の遅れの改善や工期の更なる短縮は、次の視点で検討します。

2、工期短縮の着眼点

1)作業に関する問題点と改善の方法
①動作経済の原則
表（動作経済の原則）は作業改善の着眼点を一覧表にしたものです。現場に於いていつでも

動作経済の原則

基本原則／ヒント／要素	（1）動作の数を減らす	（2）動作を同時に行う	（3）動作の距離を短くする	（4）動作を楽にする
ヒント	探す、選ぶ、用意するを必要以上に行っていないか	一方の手の手待ちや保持はないか	不必要に大きい動きで行っていないか 物を取ったり、置いたりの動作距離 動作距離は短いが繰り返しの多い作業	①要素動作の数を減らせないか ②やりにくいムリな姿勢はないか ③力の要る動作はないか
1．動作方法の原則	①不必要な動作をなくす ②目の動きを少なくする ③二つ以上の動作を組み合わせる	①両手は同時に動かし始め同時に終わる ②両手は同時に反対、対称方向に動かす	①動作は最適身体部位で行う ②動作は最短距離で行う 一歩以上動かない ③腰を曲げない	①動作は重力や他の力を利用する ②動作は慣性や反発力を利用する ③動作の方向や変換は円滑にする ④熟練を要しない作業にする ⑤注意力を要しない仕事にする
2．作業場所の原則	①材料や工具は作業者の前方一定の場所に置く ②材料や工具は作業順序に合わせて置く ③材料や工具は作業し易い状態に	①両手の同時動作ができる配置にする	①作業域は支障のない限り狭くする	①作業位置の高さは最適にする
3．治工具及び機械の原則	①材料や部品の取りやすい容器や器具を利用する ②二つ以上の工具を一つに組み合わせる ③治具への締め付けには動作数の少ない機構を利用する ④機械の操作は１動作で行える機構にする	①対象物の長時間の保持には保持具を利用する ②簡単な作業又は力を要する作業には足（脚）を使う器具を利用する ③両手の同時動作ができる治具を考える	①材料の取り出し・送り出しには重力や機械力を利用する ②機械の操作位置は動作の最適身体部位で行えるようにする ③動作を最も良い順序で行えるように配置する	①一定の運動経路に規制するために治具やガイドを利用する ②にぎり部は掴み易い形にする ③見える位置で楽に位置合わせできる治具にする ④機械の移動方向と操作方向を同じにする ⑤工具は軽く扱えるようにする

利用できるようにされて、日常的に継続して改善が行われることをお勧めします。
・横軸に「基本原則」と「ヒント」を
・縦軸にそれぞれ「動作」「作業場所」「治工具・機械」の改善を記しています。

②作業標準書

作業者が同種の作業を各人各様の方法で行っていることはないでしょうか。その作業を標準化することに意義があります。標準化が改善の第一歩であるという意味でも意義があります。

作業標準書がないことによるムダや損失の例を次に記します。

・作業方法が各人各様なので品質が安定しない
・能率の良い作業者のノウハウが生かされていない
・未然に防げるムダが発生している
・標準があればこそ、その不備に気がつき更なる改善が可能になる

③段取替えのムダ

④運搬のムダ

・作業者が運搬をすることによって発生するムダ
・運搬方法、保管方法、レイアウト、作業方法等が原因で発生する運搬のムダ

⑥不良のムダ

2)停滞時間の改善

個々の工程の総製作時間には、主体作業だけではなく、「段取り時間」、「運搬時間」、さらに品物が加工を待っている「停滞時間」などが含まれています。むしろ正味の作業時間より著しく長くなる場合が多く、工期短縮の大きな可能性がここにあります。

特に「多種少量」生産では、多数の部品が平行して不規則に流れ、正味の作業時間の前後に停滞が生じるので、その分製作時間が長くなっています。停滞時間は、生産形態や管理方法によって長さがかなり異なるので、そこに工夫改善の余地があります。

前述の作業標準と同様各工程の基準となる時間を決めておくことも大事です。

3)社内外の他部門との連携に関する問題点と改善

作業現場には工程内だけでは解決できない、社内外の関係者（設計、購買、生産技術、生産計画、外注工場etc.）との協力が必要な次のような問題があります。関係部門とのコミュニケーションを密にする工夫や外注工場との協力関係を強化することなどによって改善することができます。

①材料待ちのムダ

・前工程から、材料、部品、仕掛品などが来ないために発生するムダ

仕掛かり品が停滞している工程（ネック工程）の生産性を改善する。

改善したら次のネック工程へと次々に着手する。

②外注部品や外注材料の遅れによる手待ちのムダ

・納期の指示は明確か

・発注は正規の発注書によってなされているか、記載内容は正確か

・指示の変更が混乱を起こしていないかetc.

・原因の半分は自社にある

③指示待ちのムダ

・的確な作業指示がなされないために発生するムダ

見える化：指示や連絡がなくても目で見てわかる工夫をする

ｅｘ.カンバン方式：生産、補充の必要が目で見て分かる

ｅｘ.在庫の「上限下限」を決めて目で見てわかるようにする

ｅｘ.緊急度で置き場所を決める：優先順位が目で見てわかる

④生産計画によるムダ

・生産計画の無計画性による生産遅滞

商品と機械の組み合わせを工夫して機械の有効利用を図る

・特注品や緊急割り込み生産が引き起こす混乱によるムダ

特注品や割り込み生産を無理なくこなす工夫

●教訓
1、工期短縮は
①「主体作業」の改善と「手待ち時間短縮」の二つの視点で
2、工期短縮の盲点は「手待ち（機械の休止）時間」

13 固定費のコストダウン　設計・開発部門の生産性向上

1、設計効率の改善

設計部門の成果物（アウトプット）は設計図面に代表されます。従ってその図面を如何に効率良く作成するか、図面作成に関するムダをどのようにして削減するかが設計部門の生産性の重要な課題の1つです。

例えば〝いま作成している図面の枚数を半分に減らすにはどうすればよいか〟を考えてみて

ください。様々な問題が明らかになってくると思います。

1)設計に関する「変更・やり直しのムダ」を削減する

設計のムダの大きなものの一つは、「変更・やり直しのムダ」ではないでしょうか。まず「変更・やり直し」の原因を整理することから始めます。

設計変更は、後工程で検討した結果不備が判明して変更することなどを指しています。ここでは「やり直しのムダ」について考えてみます。

①「やり直し」の原因は、受注時の確認不足

そもそも「やり直し」の原因は何なのか。意外に多いのが、受注時の確認不足です。

・確認事項の漏れ
・品質、仕様など受注条件の曖昧さ
・口頭による確認のため記憶曖昧、証拠不在
・文書による確認の不徹底etc.

これら受注時の確認不足は、曖昧さを残したまま作業が進むと以前にも触れましたがそれまでの努力が全てムダになるばかりか、関連部門に及ぼす混乱は計り知れないものがあります。それを未然に防止する対策が必要です。

②受注表の標準化

対策の一つとして受注表の標準化が有効です。次のように受注表を整備し、受注表に基づいて受注することを徹底することにより、受注表が受注時のチェックリストとして働き、正確な受注ができるようになります。受注が全ての始まり（源流）になるので、その改善効果は大変大きいと言えます。

・受注表を標準化する
・受注表（文書）による受注を徹底する
幾つかの類型（種類）にわけてパターン化する
確認する絶対必要項目を予め記載する
ユーザーの特別依頼事項、注意事項などメモ（追記）欄を設ける
品質や仕様などの記入欄を正確を期する目的で整備する
強度とその基準
性能とその基準
製品寿命
品質、公差、
単位、数量など

2)出図枚数・工数の削減、設計の標準化

①設計の作業標準書作成

前述の設計に関するムダを排除し、設計の合理化を図るためには、受注から図面完了に至る作業手順を標準化することが有効です。それが設計の更なる合理化や担当者の教育の資料にもなります。

又、設計によってコストの70~80%が決まると言われます。設計の標準化にあたってはコスト削減の視点が重要です。

標準書では、「手順」「作業内容」「注意点」を整理記載します。

手順1：関係部門の意見事前聴取、参画、

製造：得意な設備技術、製造難易度etc.

購買：材料・外注の調達時間、材料情報、外注情報etc.

品質保証：品質達成能力、得意技術、発注者の要求基準etc.

手順2：設計計画作成　着手、完了、工程予定表

手順3：進行管理：予定と実績、事情変更（設計、材料、外注etc.）

手順4：検図：項目、基準、方法の標準化・ルール化

完了

②編集設計

商品の開発には、フル・モデルチェンジと一部だけ改良するモデルチェンジがあります。同様に機械・部品の受注にもすべてが新企画になる場合と一部だけが変わる場合があります。

編集設計は、商品をいくつかのユニットに分けて標準化しておき、新たに設計するのは変わる箇所だけにするやり方です。これによって図面の作成工数を大きく削減することができます。

勿論、その効果は設計部門以外にも大きな効果をもたらします。品質の検証、調達、生産技術など全てにわたって変更箇所の検討だけで済ますことができるからです。

この考えを応用して、見積期間を大幅に短縮してユーザーの信頼を得た事例があります。

２、工数削減

1)部品点数削減

部品点数を削減すれば開発の工数が削減できるのは容易に理解できることです。日本経済新聞に〝トヨタ、部品３割共通化、開発効率20％高く〟の文字が。

然るに部品点数は放置すればいつの間にか増えていきます。ナゼ増えるのでしょうか。それは、設計者が個々に最適の部品を設計しようとするからです。まして部門が違えば、相互に連携がない限り増えてしまいます。

・設計者は部分最適の視点で設計する

それを

・全体最適（会社全体、組織全体）の視点

で見直すこと、又その仕組みを社内に作っておくことが必要です。最近では世界的規模で、或いは同業者間で部品の共通化を図る動きさえ出てきています。次に2つの事例を紹介します。

事例1）

自動車には約2万点以上の部品が採用されていると言われています。ある自動車会社でその中のボルトの点数を調べたら2万点あったそうです。これを全社的な見地から必要最小限に削減することになったのですが、その結果なんと100分の1の200点になったということでした。

注意すべきは個々の設計者任せになっていると、いつの間にかボルトだけでも2万点（必要数の100倍）にもなるということです。

事例2）

私が三洋電機事業部長時代に、協力会社を訪問したことがあります。ある電気コード製造会社を訪問した時、最後に社長に「コストダウンの知恵はありませんか」と質問したことがありました。社長は言下に「コードの色を統一してください。今は同じコードが設計担当者ごとに思い思いの色になっていてそのムダは計り知れない」と言われました。前述のボルトと全く同様のことでした。

2）機種数の削減

三洋電機冷凍機事業部が2年間で機種数を半減したことで、残業や休日出勤が多く増員の要請さえ強かった技術部が、2年後には、残業がゼロになりました。図面作成の数が半減したわけですから当然の結果でした。大事なことは機種数削減の効果は事業部全体に及び、事業部再建の大きなテコになったことです。

このように機種数の削減効果が広い範囲に及ぶことは、前述の部品点数の削減をはるかに超えるものがあります。

●教訓

1、設計の標準化や簡略化で設計負荷の大幅改善

2、設計の合理化や簡素化の効果は、設計部門にとどまらず全社的に大きな効果をもたらす

3、品質もコストも、設計で70～80％が決まる

14 難局打開に奇手はない。王道を歩み危機を克服しよう――〝僅か3ヶ月で30％以上生産性向上〟を達成した企業の紹介

1、本社営業部

本社営業部は、課長から部員のレベルアップを図りたいとの強い要望があり、次のテーマで自主研修を行うことになりました。

目的は、取引先との関係で社内スタッフに助力を求めることが多いので、部員のレベルアップを図り〝他部門への過度の依存を排除する〟ことでした。然し、他部門との信頼関係が必要なことは申すまでもありません。

自社のスタッフにこそ信用を勝ち取れ
営業には両輪がある。一つは、需要家とよい信頼関係を結べるかどうか。もう一つは、同じ関係を自分の会社との間に作れるかどうかである。

（信越化学工業会長　金川千尋）

研修の概要を次に記します。

①研修の方法
自主研修：部員がそれぞれのテーマについて講師を務める
②期待する効果
i、部員全体のレベルアップ
ii、担当講師自身の「知識の向上」「話力の向上」
③研修テーマ
A社員：図面の見方
B社員：毛材の種類、性質その他
C社員：手形、ファイナンス

その他

④評価尺度

社員の理解度を数値化して、目標を設定し成果を評価する

以上の内容でスタートしましたが、必ずしも順調にはいきませんでした。

2、福山工場が参加

残念ながら、福山工場でクレームが数件連続して発生し、その対策に追われていたのです。従って、〝品質の改善〟を目標に活動することにしました。

全社員に活動の趣旨説明を行い、関係者でクレーム対策や営業所の目標設定などの検討を行いました。

その後の月々の検討は、TV会議で本社工場と一緒に行いました。後に東京営業所も参加しましたが、このことが、本社と福山工場、東京営業所との間にそれまで乏しかった意見の交換を生み、全社に一体感を醸成するのに思わぬ効果をもたらしました。

1)11月26日　第1回本社・福山合同検討会

・3月までに具体的な成果を上げることを確認し
・改めて3月末までに達成する目標と具体的なアクションプランを作成することを求めました。仔細は次の通りです。

対営業部
・「見積もり期間」の短縮を目標に設定する
・現状を調査して「見積もり作業工程表（時間入り）」を作成する
・工程表に基づいて「ネック工程」を把握し原因分析を12月までに終了する
・修正アクションプランを、12月末までに作成する

対製造部
・「クレーム発生件数ゼロ」を目標に設定する
・クレームの現状を調査し分析する
・クレームの中のバイタル・フュー（核心となる重要事象）を把握する
・バイタル・フューの原因を分析して改善策を計画する
・修正アクションプランを、12月末までに作成する

以上、一見性急とも受け取られかねない要求でしたが素直に受け入れられ、本社工場と比較して実質的には2か月遅れて活動がスタートしました。

2)目標と3月度成果

具体的対策と担当者の所感を、それぞれの報告書でご覧ください。

	初期値	目標値	3月結果
営業部：見積書作成期間	16日	7日以下	5日
製造部：クレーム件数	12件／3ヶ月	0件／3ヶ月	3件／3ヶ月

以上の通り、3ヶ月という短期間ながら素晴らしい成果を上げることができました。社長以下全社員が一致協力して熱心に取り組まれた結果であると確信いたします。

●教訓

1、僅か3ヶ月で大きな成果

2、決め手は「的確な現状分析」と他部門の協力

15 固定費のコストダウン　営業部門の生産性、セールス活動の生産向上

1、セールス活動の生産性とは

セールス活動の生産性を考えるとき重要なことは、セールスマン個人だけに焦点を合わせるのではなく、〝グループとしての生産性〟に焦点を置くことです。つまり個々の活動が最高の成果を生むように、グループとしてセールス活動を支援し活動の環境を整えることが大きな成果につながります。

セールス活動の生産性は次の式で表すことができます。

訪問（接触）活動の量×セールス活動の質（営業サイクルの長さ）

これは、

・訪問活動を増やし、
・活動の質を高め、
・営業サイクルの長さ（例えば初回訪問から成約までの時間）を短縮する事によって生産性が上がることを意味しています。

以下、それぞれ３つの要素について説明します。

2、訪問（接触）活動の量を増やす

訪問を広い意味で顧客との接触と考えることが前提として重要です。そしてその増大策を考えます。次に考えられる対策を列挙しました。

・顧客のために割く時間を増やす
・計画的に行動する
・仕事を合理化する
　事務を簡素化する
　事務を集約又は専門化する
　ＩＴを活かす
　移動時間を短縮する
・有効訪問（キーマンに会う）を増やす
・通信手段を活用する
　Ｅメールを活用する
　電話、ｆａｘを活用する
　ＤＭを活用する

インターネットを活用する

このようにして、顧客のために割く時間を増やし、顧客との接触の量を増やす努力を多角的に行うことにより、第1条件の活動量の増加を図ります。

然し、営業成績は単純には訪問回数に比例しません。営業の成果は訪問（接触）回数を上げれば向上するという単純なものではないのです。

3、セールス活動の質を改善する

私が実際にある会社で1年間のセールスマンの顧客訪問件数と営業成績（売上目標達成率）の関係を調査した事例によると、営業成績の良い人の中に訪問件数の多い人も少ない人もあって営業成績と訪問件数は殆ど相関しないことがわかりました。

セールス活動は訪問によって始まるという意味で、訪問が必要且つ不可欠であることは論を待ちません。然し、それは必要であってもそれだけでは十分でないことをこの事例は意味しています。そのほかに何が必要なのか、それが、次に述べる「セールス活動の質」、つまり、セールスマンのレベルアップです。

次にその主な対策を列挙します。

・情報力を高める
　商品知識
　開発に関する技術知識
　製造に関する技術知識
　マーケットに関する知識
　顧客に関する知識
・提案（プレゼンテーション）力を高める
・ヒアリング力（聴く力）を高める
・セールス話力を高める
・自己啓発する（よく考え学習する）

これらのことを会社の研修ですべてカバーすることはできません。重要なことは自己啓発で補うべく、セールスマンに成長のための具体的な目標を提示して、自己啓発の動機づけをしっかりしておくことです。

これに関する「セキスイハイム東海の住宅展示場における営業」の事例を紹介します（〃曖

味排除・凡事徹底DIPS実録レポート・・・・・・・・・・〃小林忠嗣著より）。

これによれば、コンサルタントが住宅展示場における営業活動を観察して、優れた営業成果を上げている社員の何が成果につながっているかを調べました。そして次の2つのことを発見したと記しています。

①展示場における接客時間が長いと成約率が高い。目安は120分である。
②初回の接客で顧客の要望を正確に把握できれば成約までの時間が短縮できる。

そこで、会社はこの2点をセールスマンの自己啓発の指標として社員に提示しました。努力の指標を得たセールスマンは、120分間の充実した初回面談ができるように自己啓発に取り組むことになったとのことです。

4、営業サイクルの長さを短縮する

営業サイクル（ex．初回面談から成約まで）の時間が短いほど生産性が高いのは自明の理です。そこでそのサイクルの長さを営業成果につながる行動指標として提示し、自己啓発を促したソニーマーケティング社の事例を紹介します。

同社では初回面会から提案提出までの時間が、成果の高い社員ほど短いことに着眼してその時間を自己啓発の指標として提示しました。そしてここでは、その長さをセールス力の基本である〝ヒアリング能力〟の判定指標にしています。

●まとめ

1、セールス活動の生産性は次の式で表せる
訪問（接触）活動の量×セールス活動の質／営業サイクルの長さ

2、セールス活動の生産性向上にはグループ全体の生産性を高める視点が重要

3、セールスマンに、自己啓発を促す具体的な行動指標を提示することが重要
目標に向かって情熱的に全員を巻き込むこと

16 北大阪商工会議所企画―グループコンサルティングの事例紹介

1、「出荷ミス〝ゼロ〟」を目指して

H精機にとって、取引先A社に対する「出荷ミス改善」と「納期遵守」は長年の課題でした。そして直前の半期（6か月）のA社に対する出荷ミスは6件でした。A社の評価では、残念ながら5段階のうちD評価とたいへん低い評価になっていたのです。

1)目標は「〝ゼロ〟」それ以外になし

出荷ミス6件の内訳は次の通りでした。

・員数ミス　　3件
・異品種混入　3件

この6件を半年でどこまで改善するか、その目標設定が活動の最初の課題でした。それを問うと、すかさず担当次長から

〝ゼロです。ゼロ以外はありません。〟

との力強い声が上がりました。

〝簡単にはできない大きな目標に挑戦する〟ことは極めて重要です。それでこそ人はあらん限

りの知恵を出して努力します。「ゼロ」は素晴らしい最高の目標でした。今考えると、その時に活動の成功はほぼ約束されたといってもいいと思っています。

2)要因分析

出荷ミスの問題点のうち主なものを記します。

・製品やロットによって重さが違うため、単重測定にバラツキがあり員数ミスにつながっている
・製品ごとの測定方法が一定していない
・作業中断が多く、集中力の阻害要因になっていると考えられる
・作業場が狭く製品の置き場所が一定していない。異品種混入の原因ではないか

3)対策

前項の問題点や原因に基づきその対策に取り組みました。要点は次の通りです。

①単重測定方法の検証
②製品別測定方法の標準化
③作業場の環境整備

この中で特に重点的に取り組んだのは、①と②でした。

①は、取引先A社の指定員数に上下の幅がなく、員数が定数で求められているため、単重による員数測定誤差が1個相当未満になる条件を求め、その方法を検討しました。

②は①の結果も踏まえて、製品ごとに、「単重測定法」によるか、「人手で員数を読む」かのルールを決め標準化しました。

2、目標達成

以上の活動の結果、11月に異品種混入が1件発生した後、3月までの4か月間毎月連続して、見事に「ミス〝ゼロ〟」を実現しました。

そして、長年の懸案だった取引先A社の評価が〝A〟評価になりました。また、A社の購買担当責任者に「購買担当者のH精機を見る目が変わりました」と評価されたとのことでした。

●教訓

1、「ミス〝ゼロ〟」の挑戦的目標が、担当者の力を引き出し目標達成につながった

2、経営に直結する〝共通の目標〟があってこそ、全員参加の活動は会社を変える力になる

第3章　体質改善・人材育成

1 下請け企業体質からの脱皮作戦

企業の海外移転に伴う下請け企業の受注減が経営を揺るがす事例が多くみられます。そこで、下請け企業とは何か、弱点は何か、下請け体質から脱皮するにはどうするかについて考え、同じ悩みを抱えておられる企業のご参考に供したいと思います。

1、受注の偏在とリスク分散

1)受注先偏在のリスク

受注先が偏在している（極端な場合は1社で100%）ほど海外移転の影響が大きいことは言うまでもありません。受注先を日頃から複数社確保しておいて1社の影響が減殺されるように配慮しておくことが重要です。

突然受注が減る危機は海外移転だけではありません。企業は部材の調達を広く世界に求めるようになっていますので、長年取引があるといっても安心できない状況になっています。下請け企業のみならず、相手こそ直接は見えませんが、常に世界的な競争にさらされていることを理解してそれに備えることが益々必要になっています。

2）リスク分散

取引先を複数確保して、１社の失注の影響が致命的にならないように日頃から配慮しておくことが大事です。以前は親会社が下請け企業を囲い込み、下請け企業は１社に忠誠を尽くすといった関係があった時代もありました。現在は、むしろ複数社と広く取引して、競争によって力をつけることが求められるようになっています。

3）リスク分散は〝太い柱〟を複数立てること

リスク分散とは、必ずしも少額の取引先を多数作ることではありません。それでは、リスクは分散されても生産性が低下して収益性を著しく阻害することになります。

世界的な優良企業として評価の高いゼネラル・エレクトリック（ＧＥ）社には、世界のシェアーが３位以下の事業はやらないとの方針がありますが、これがまさに重要なヒントを提供しています。

〝太い柱〟とはシェアーＮＯ・１～ＮＯ・２の事業を意味しています。その柱が多いほどリスク対応力が大きいと言えます。太い柱ほど競争力が強く生き残る可能性が高いからです。

ＮＯ・１にもいろいろあります。

・商品別のＮＯ・１
・産業別ＮＯ・１

・製造技術分野別NO．1
・地域NO．1
・取引先に於けるNO．1etc.

このように、NO．1の事業（これは○○社に限る）を持つことが、不況や取引先の海外移転などによる影響を最小限に抑え、かつ競争に耐える企業体質をつくることになります。リスク分散のためには、小さくてもNO．1を追求し続ける事、そしてその柱を複数備えておくことが大事です。

2、下請け企業の弱点

下請け体質からの脱皮を考えるためには、その弱点を整理することが必要ですが、私は次の2点だと考えています。

①技術開発力、商品開発力が弱い
②営業力が弱い

①は、下請け企業は、発注者から図面をもらって製作するわけですから、自ら開発する必要がありません。自ら開発するからこそ、そこに独自性が生まれ他社にない強みが生まれます。下請け企業が概して開発力に弱点があると思うゆえんです。

②は、下請け企業は、一旦グループに入ると一定の受注が約束されます。その限りでは、新規開拓のための営業活動を行うことも少なく、その他の企業と比較して営業力が弱い特徴があります。

然し、これら二つの機能は、事業を根底で支える重要な事業の両輪です。この機能が弱いところに、下請け企業が一旦危機にさらされると中々再起できない原因が含まれています。

それでは、下請け企業が危機から脱却するにはどうすればよいか、そのステップを事例に基づいて紹介します。

3、下請け体質脱皮作戦のステップ、X社の事例

次は、私が支援している事例から、取引先の海外移転で売り上げが一気に半減し、将来の方向を探って悩んでおられたX社の回復過程を紹介します。

X社は過去5年間売り上げが低迷していましたが、２０１４年春から低迷状態から脱皮すべく、〝生産性倍増〟を目標に全社で3か年計画に取り組みました。現在半年を経過しましたが、図に示しますように早くも回復の兆しが見え始めています。次に図表に従って経過をたどってみます。

２００９年

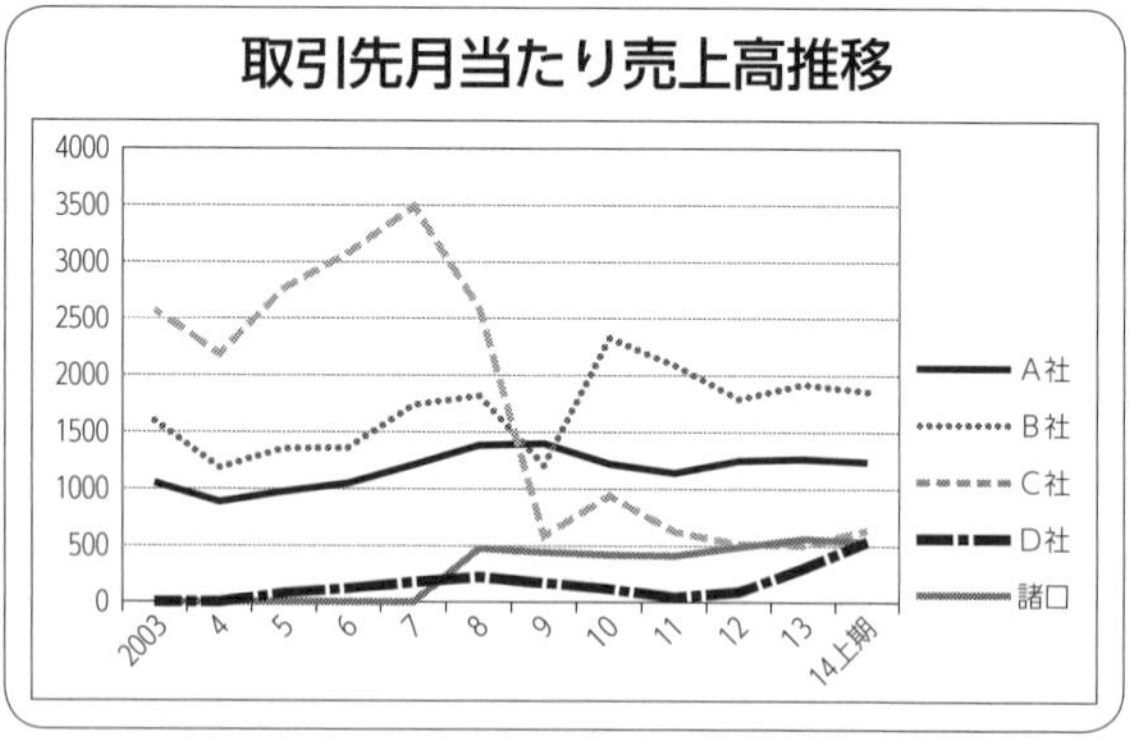

最大取引先C社への売上が6分の1に激減、利益は8分の1に

2009~2013年
売り上げはかつての1／2で低迷

2013年~
D社（D商品）の販売促進に成功、トップ売上、トップ利益商品への可能性生まれる

2014年上期
A社商品の生産性向上により収益性（利益）改善

更にDの改善で、売上半減後最高益を計上

1)先ず競争力の強化（「生産性向上」「品質の向上」「納期遵守率改善」）に取り組む

「商品・技術開発力の強化」「営業力の強化」は時間を要する課題で一朝一夕には達成できません。従って、先ず社内で完結できる既存商品の生産性向上

や、取引先から改善を求められていた納期や出荷品質の改善に取り組みました。
その結果、A社は、売り上げは横ばいの中で上期の収益性が改善の兆しを見せています（グラフ）。

2)商品力の点検

次に現有商品の成長可能性をチェックしました。新たに開発することは容易ではありません。それよりも現有の取り扱い商品の中に成長商品が埋もれていないかと考え検討したのです。

着眼したのはD商品でした。D商品はX社が成長を期待して長年生産を続けてこられたものでしたが、図に示されるように売り上げは低迷し中々期待した商品には育っていませんでした。

然し、よくお聞きすると、この商品に対する技術評価は高く、国内に競争会社が少なく、主たる競争会社は東南アジアの会社だとのことでした。エレクトロニクス関連の商品なので将来性やマーケットの大きさは期待できることが容易に理解できました。然し、東南アジアが競争相手というだけに価格が問題でした。

社長は、早速関係者を集めてD商品の営業戦略を検討され新しい取り組みを開始されました。そして早々に大きな商談が舞い込んできました。然し予想通り問題は価格でした。

一方、３ヶ年計画に基づき、D商品の製造現場ではその改善に着手していました。まだ２ヶ月を経過したばかりでしたが、現場では工程の一部の機械の回転数を２倍以上に上げる対策にいち早く目途をつけていました。又一方では機械稼働率の改善も進み、両両相まって一日当たり生産性を200％近くまで上げる検討が進んでいたのです。

それをもとに価格を検討すると、要望の価格が実現可能なレベルであることが確認できました。

●教訓

1、下請け企業の弱点は、「商品・技術開発力」と「営業力」

2、先ずは「競争力」強化に取り組む。「会社の価値」向上こそが営業力の基盤である

[2]「人を育てる」　事例研究

1、患者の移り変わりを見る

介護施設の経営者に〝時代の変化の読み方〟について質問を受けました。

少子高齢化社会の今日、介護施設は今尚不足が伝えられていて、施設の発展史の中でも初期

成長期にあたるのではないでしょうか。この流れがいつどのように変わるのか、まさにその変化を見通すことが当事者の重大な関心事であろうと思います。

そのためには、患者をいくつかの類型に分けてその推移を観察することが有効だと思います。患者総数、長期滞在型、短期滞在型、デイケア、病気別等々。変化は必ずそこに現れるからです。

一方高齢者のための生活指導が盛んになっています。書籍も数多く見受けられるようになりました。政府の後追しもありますから、高齢者に対する生活指導は今後ますます盛んになっていきます。それに応じて高齢患者の様子も又変わっていくはずです。その変化に、中、長期的に対応することが必要です。

高齢社会の課題や問題に取り組む企業（保険会社や金融業者）や団体の人が参加して、高齢者の現在や近未来の課題について研究や情報交換を行った研究会に私の友人で、70歳を過ぎて尚意欲的に社会活動を続けておられる女性が「高齢社会エキスパート」として参加されましたが、第1回交流会で紹介された活動例の一端を次のように知らせてくれました。

柏市で高齢化社会の問題解決に向けた活動をすでに5年続けていて、かなり形ができている。問題解決のためには、高齢者が家に閉じこもらず、外に出て活動する場を作ることが重要、ということで生きがい就労を目指した。
そのために5領域、9事業の組織生きがい就労を実現している。

この例に見るように、これから高齢者に対する生活指導や健康支援活動が益々普及することと思いますが、それにしたがって高齢者事情も徐々に変わっていき、求められる介護施設の性格も変わっていくものと思います。

2、顧客の変化を知る（他の一般事業の場合）

これは、その他の事業でも同様です。私が大阪府の審議会委員在任中に、出資法人の中期計画を検討する機会がありましたが、例えばハイキングコースなどを含む自然公園事業に関して、年齢別、性別、学生（幼児、小・中学）、社会人別等など、入場者の変遷を精査することを提案したことがありました。高齢者が増えているか、小学生や子供が増えているのか、或いは男性が多いか女性が多いか、その変化を知ることによって施設の運営方針や充実すべき重点が決まってくると思ったからです。

又、和服用に織られていた大島紬で洋装や洋品をデザインして販売している事業者がありました。大島紬の和服の売り上げが低下する中で、紬の事業をもう一度活性化したいとの願いから、

1988年（昭和63年）に女性起業家が発案した事業でした。一般に和服の売り上げ減少がはるか以前に始まっていたことを思うと、この転換はむしろ遅かったと言えるかもしれません。大島紬が和服の超高級品としての位置づけだっただけに、和服へのこだわりが強く、そのことが転換の決断を遅らせたことは想像に難くはありません。事実、着想したのちも、周囲の同意はなかなか得られず発売までには尚数年を要したとのことでした。それだけに見事転換を果たした前述女性起業家の勇気は称えられるべきと思います。

この事例は、顧客の変化が始まっていても、それを見逃すことなくその変化に正面から向き合い、決断し、勇気をもって対策を実行に移すことの重要性、そしてその難しさを物語っています。

次に、私の三洋電気在職中の商品開発の経験を紹介します。1970年（昭和45年）に、業界に先駆けて初めて2ドア冷凍冷蔵庫を発売した時のことです。

当時、欧米では既に2ドア冷凍冷蔵庫は発売されていたのですが、国内ではまだ1ドアの冷凍冷蔵庫（内蔵の製氷室を冷凍庫に機能強化したもの）しか発売していませんでした。然しその2ドア冷凍冷蔵庫を何時発売するかが業界の共通の問題でした。大方の見方は、冷凍食品が発売されて間もないころだったので、冷凍食品が家庭にある程度普及することが条件で、まだその時期ではないのではないかというものでした。

ところが、1ドア冷凍冷蔵庫を使う主婦の意識は、冷凍食品が普及するまでもなく確実に変わっていたのでした。私も、冷凍食品の普及が条件ではないかとの思いは各社と同じだったのですが、あえて主婦の興味度を知る目的で、簡単な冷蔵庫のスタイル調査を行ったのです。1ドア冷凍冷蔵庫、縦型2ドア冷凍冷蔵庫、横型（サイドバイサイド）2ドア冷凍冷蔵庫などのスタイルを線描きして、主婦の好みを問うという簡単なものでした。結果は、意外にも縦型2ドアが圧倒的人気だったのです。理由は2つありました。

①冷蔵と冷凍のドアが別々なので冷気の無駄がない

②縦型のほうが場所を取らない

②は日本の狭い住宅事情を表したものでしたが、①は全く予想外でした。主婦の意識は、冷凍食品の保存というよりは、1ドア冷凍冷蔵庫の内蔵型の冷凍室を使うには、先ず外側の大きなドアを開放し、開放したまま中の冷凍室のドアを開けなければならないため冷気（電気代）が無駄だということだったのです。

この調査によって、確信をもって2ドア冷凍冷蔵庫の発売に踏み切ったのでしたが、大ヒットして翌年他社も追随することになり我が国の本格的な冷凍冷蔵庫時代を拓くことになったのでした。

これは、主婦の真のニーズを知るために、もう一歩踏み込んで主婦の潜在意識を調査した事例でした。

３、変化の兆しを掴み変化を先取りするには

変化を読むことは、同時に変化を先取りすることの重要性を意味しています。そのためには、日頃幅広い視野を持ち、仮説を持つなど問題意識を明確にして変化の兆しを見逃さないための努力が必要です。更に、患者や顧客に変化をもたらす原因、つまり社会の変化に注目することが求められます。

次にその一端を記します。

①衣、食、住の生活の変化を知る

②技術の進歩を知る

医療技術、生産技術、材料開発、ＩＴの進歩etc.

③政治を知る

医療厚生政策、経済産業政策、税制etc.

④業界の会合に出席、情報交換を行うetc.

今、社会経済環境が激動する中で、多くの企業の栄枯盛衰が報じられていますが、このこと

は経営にとって時代の変化を読み、いち早く変化に対応することの重要性を、そして現実にそれを実現することの困難さを如実に物語っています。

然し、経営者の最大且つ重要な役割の一つがそこにあります。また、それが後継者や経営幹部教育の要点の一つでもあります。

●教訓

時代の変化を見逃さないために

①日頃から問題意識を明確にしておく

②変化を知る第1は顧客の変化を読むこと

③広い視野を持ち、顧客に変化をもたらす社会的背景を知る

3「人を育てる」人を信じる、信じればこそ人は応える

製造経験が皆無だった私が、営業部長から事業部長に転じて、品質問題で営業第一線からの批判が絶えなかった事業部を2年で再建した時の経験です（詳しくは拙著「三洋電機事業部改革感動の軌跡─折り重なって前へ行け」）。

それは正に人を信じ、人の力を活かしてこそできたこと、また製造経験のない私にはそれ以外に道がなかったことでした。そして、〝信じれば人は応える〟という私の姿勢は、その後の経営コンサルティングにおいても一貫して貫いている姿勢で、益々その確信を高めていることでもあります。

1、人を理解する事は難しい

協力会社の社長に一人の幹部社員を紹介された事がありました。彼は外国の一つの会社を任される事が決まっていたのですが、私は人を見る目は長じているという自負心もあって「この人物なら会社を任せても立派にやっていけるでしょう」と感想を伝えました。一見、明るく、活発そうで、自分の意見をはっきり言うタイプのようでした。

ところが、その後1年あまりたって自殺するという大変不幸な結果になった事を聞いて驚きました。そして、人の評価が如何に難しいかという事、軽率には人を評価すべきでない事を改めて知らされました。

人には

①表に出ている特徴

②秘められた特長

③環境に影響されているものとそうでないその人固有のもの等々

色々な側面があって難しいが、特に②③を良く理解する事が大事だと思っています。

表に出ていない潜在的能力や、環境を変えれば開花する才能を見出す力が、本当の人を見る力といえるのではないでしょうか。特に、人を活かし、人を育てる立場にある人にとっては、人をじっくり理解する努力が必要だと思います。

今一つの例を紹介しましょう。

技術部が実験室を拡張してほしいと言うので、その候補にあがっている海外向けの部品管理棟を見にいった時の事です。行ってみて驚きました。久しぶりに見る部品管理課が、見事に整理整頓され場所もコンパクトに縮小されていたのです。良く管理されている事が一目見て理解できました。

担当者が誇らしげに報告してくれました。「部品の遅納がゼロになった」というのです。大きな成果でした。そして、「事業部長が来てくれたのは1年ぶりですね」と言うのです。1年ぶりとは意外でそんなに来ていなかったのかという思いでしたが、久しぶりであった事に違いはありませんでした。

その間、彼は遅納の改善や仕事場の整理整頓に努力してくれていたのです。その改善ぶりを一度くらい見に来てくれても良いではないか、との思いがあったに違いありません。彼は個性が強く、人に煙たがられるところがあるとは聞いていましたが、そういう人こそ純粋で、情熱的で、一旦信頼されると大きく応えるところを持ちあわせているものです。私は彼の仕事の成果を正しく評価しなければならないと思いました。

彼にはその後、生産計画の仕事に移り、営業との折衝の窓口業務を担当してもらう事にしました。又、コスト開発プロジェクトチームのメンバーとしても、大きな役割を果たしてくれました。

2、人を信じる

製造部門の改革を始めた時の事です。自主的な集団活動だったので現場のいたるところに「改善コーナー」を作って、自分たちで治具や工具、あるいは台車を造る事になりました。すると現場の人たちが「本当に自分たちで工場を変えてよいのですか。」と言ったというのです。

私はこの言葉の背後に、現場の人たちが嬉々として工場改革に取り組もうとしている姿を感じて大変うれしく思ったのでした。そして、半ば工場改革の成功を確信しました。

ある日、製造課長が来て言いました。「事業部長、ノウハウは部下が持ってますね」。この課長もおそらく、思い切って任せたら部下が良く期待に応えてくれた事を実感し、そのことを伝えたかったに違いありません。いい体験をしてくれたと思って喜んだものです。

●教訓
人を活かすために
①人を理解するとは、「秘められた力を理解する」こと
②そして人を信じる
③信じればこそ人は応える

４「人を育てる」　社員の力を１２０％引き出す仕組みとは

私が経営改革の支援を行う企業は、製造業、販売業、運輸業、造園業、果ては料理の仕出し業に至るまであらゆる業種に及んでいます。

なぜそんなことができるのか、それは社員の力を活かし、社員の知恵と努力を引き出して進めるからに他なりません。私がやるのではありません。私は社員の力を引き出す仕組みを作るだけなのです。社員を通じて改革を進めることにより、改革と同時に社員の大きな成長につながっています。

１、私の事業部再建の経験から

経営改革に取り組むためには、現状の問題点をどのようにとらえるか、つまり経営の現状を的確に把握し、問題点を明確にすることが極めて重要です。

・赤字経営　　・品質不良が絶えない
・残業、休日出勤が多い　　・人手が足りない
・役職者が多すぎる　　・職場が汚いetc.

数え上げればきりがありませんでした。

勿論それぞれ全てが解決しなければならない問題です。然し、それはその原因がもたらす結果にすぎません。大事なことはそのよって来る根本原因は何か、そこを正せばすべてが解決するという核心的原因があるはずでした。

それは〝機種の数が多いこと〟でした。同業他社と比較して、売り上げが少ないのに機種数が2倍あることが分かったのです。それは国内販売、海外輸出の全体に及んでいました。責任の一端は国内営業の責任者だった私にもありました。機種の多さがこれほど製造に負担をかけているとは思ってもいませんでした。

二年で〝機種数半減〟の目標が社員の力を引き出し一気に改革が進みました。

2、ある下請け企業の事例から

(下請け企業の弱点)


売り上げが激減して過去数年苦労してこられた下請け企業から、〝下請け体質から脱皮すべく社員に明確な方向を示したい〟が、その方向がなかなか定まらないとの相談を受けました。

事情をよくお聞きすると、下請け企業の弱点が鮮明になってきました。独自の商品をもって事業を展開する企業と比較して、「営業力」と「開発力」に弱点がありました。その結果として収益性が乏しく、親会社の動向に左右され、親会社の工場海外移転などで一旦売り上げが低下すると容易には回復できない結果になっています。

然し、「営業力」にしても「開発力」にしても一朝一夕に強化できるものではありません。そこに、下請け企業の真の悩みがあるのではないでしょうか。

（下請け企業体質からの脱皮のカギは何か？）

私は　そのカギは会社の〝競争力〟を上げることだと考えました。これとて一気には行きませんが、改まった投資やリスクを冒す必要が少なく、社員の知恵と工夫で実現可能だからです。

このようにして、早々に３ヶ年で生産性倍増（生産性＝生産高／人・時間）の目標を設定しました。これを起点にして、社長を中心に全社が一丸となって改革に動き出しました。数ヶ月して取引先から早くも「貴社を見る目が変わった」と評価され、或いは長年芽が出なかった商品が、現場の生産性向上努力によって原価が大幅に改善され一躍期待商品になるなど、改革のスピードは目を見張るものがあります。

期限を決めて〝生産性倍増／3年〟という数値目標を設定したことが、全社員の爆発的力を引き出しました。それはまた、なんとしても難局を打開したいとの経営者の強い一念と大きなエネルギーが、はけ口を求めて社内に鬱積していたことを物語るものでもありました。

3、機器販売会社の事例から

支援依頼の主旨は次の通りでした。

・売上アップの管理体制を構築したい

・そのための行動管理を進めたい

(売上アップの真の意味は?)

勿論売上アップの方法はいろいろありますが、その会社固有の事情は何か、現在の売上がどのように問題なのかを明確にする必要がありました。よくお聞きすると、当該機器の販売グループで一人当たり売上がグループ平均の80%だとのことでした。2年後には革命的な環境の変化が予想され、競争が益々熾烈になると考えられる中でこの状況は大変深刻でした。競争で生き残るためにはどうするかが問題でした。〃売上アップ〃とは単なる売上アップではなく、生き残りをかけた売上アップを意味していたのです。

会社では3ヶ年で平均レベルに上げることを考えておられました。通常はそれでも大変大きな目標だと思います。売上は伸ばそうと思ってもそう簡単に実現できるものではないことは経験からわかっています。然し、現状の120%のグループの平均レベルで果たして生き残れるでしょうか。GE社の〃世界で3位以下の事業はやらない(1、2位の事業しかやらない)〃の方針を考えるまでもなく問題は明らかではないでしょうか。

会社は、今まさに経営体質の革新を求められていること。革新を図るためには、平均も超える大きな目標に挑戦してこそ現状の問題点が見え社員の力を引き出すことができることを考える必要があります。

支援はまだ始まったばかりですが、会社では、社長を先頭に大変真剣に取り組んでおられるので、今後の成果を期待しています。

4、料理店の事例から

依頼の主旨は、創業50周年を迎え、今後さらに発展を目指すために、

・顧客満足度向上に向けた取り組み
・店内環境の見直し
・スタッフのおもてなし力の強化等

を図りたいというものでした。

料理店としていずれも重要なことに違いありません。然し、話をお聞きし、館内を案内していただくと、更なる発展を目指すための核心的課題と可能性が他にあることがわかってきました。

鉄筋4階建ての立派な店舗があって、部屋は法事用の祭壇のある部屋や、カラオケや舞台装

置のある部屋もあり、更には什器類も大変豪華なものがそろっていました。然し、その施設が当日（平日）は全く利用されていませんでした。お聞きすると、お客様の来店は、土、日と特定のシーズンに集中していて平日は通常お客のない状態だとのことでした。

更なる発展のカギは、店舗の〝平日稼働率の向上〟でした。そして、「設備の稼働率2倍／3年」を目標に設定して、営業、調理、接待、その他全員で改革を進めることを提案しました。〝平日のお客はダレか〟〝どこを攻めるか〟今まさにその計画の具体化がすすめられています。そして当然のことながらその過程で依頼のあった案件も改善していくものと期待しています。

●教訓

改革を通じて、社員に自発的な努力と成長を促すために

1、経営にとって何がどれほど問題かを的確に把握する

2、期限を決めて改革の数値目標を設定する

3、目標達成の過程で、社員の知恵や努力が引き出され社員が成長する

5 社員の力を１２０％引き出す仕組みとは　製造部門改革のための目標を設定する

今回は、前回目標設定で触れた「歩行」「運搬」の削減などについて、「レイアウト改善」による具体例を紹介してご参考に供します。単なるレイアウトの変更でこれほど成果があるのかと驚くことが多々あります。そしてこの種の問題はどこの会社にも、また現場にも事務所にもありがちなのでぜひ検討してみてください。

事例（1）「深夜の退社」が「定時退社」に

受け入れ機器に追加部品をセットして再出荷する作業です。新規の受注で、深夜（23：00頃）にわたって作業をする事態になっていました。そこで

・〝深夜退社を定時退社に〟を目標に設定し改善に着手
・僅か1ヶ月で「深夜（23時）退社」が「定時退社」になった

対策：レイアウト変更
ビフォー：入庫置き場で部品をセット、終了後出荷置き場に移動

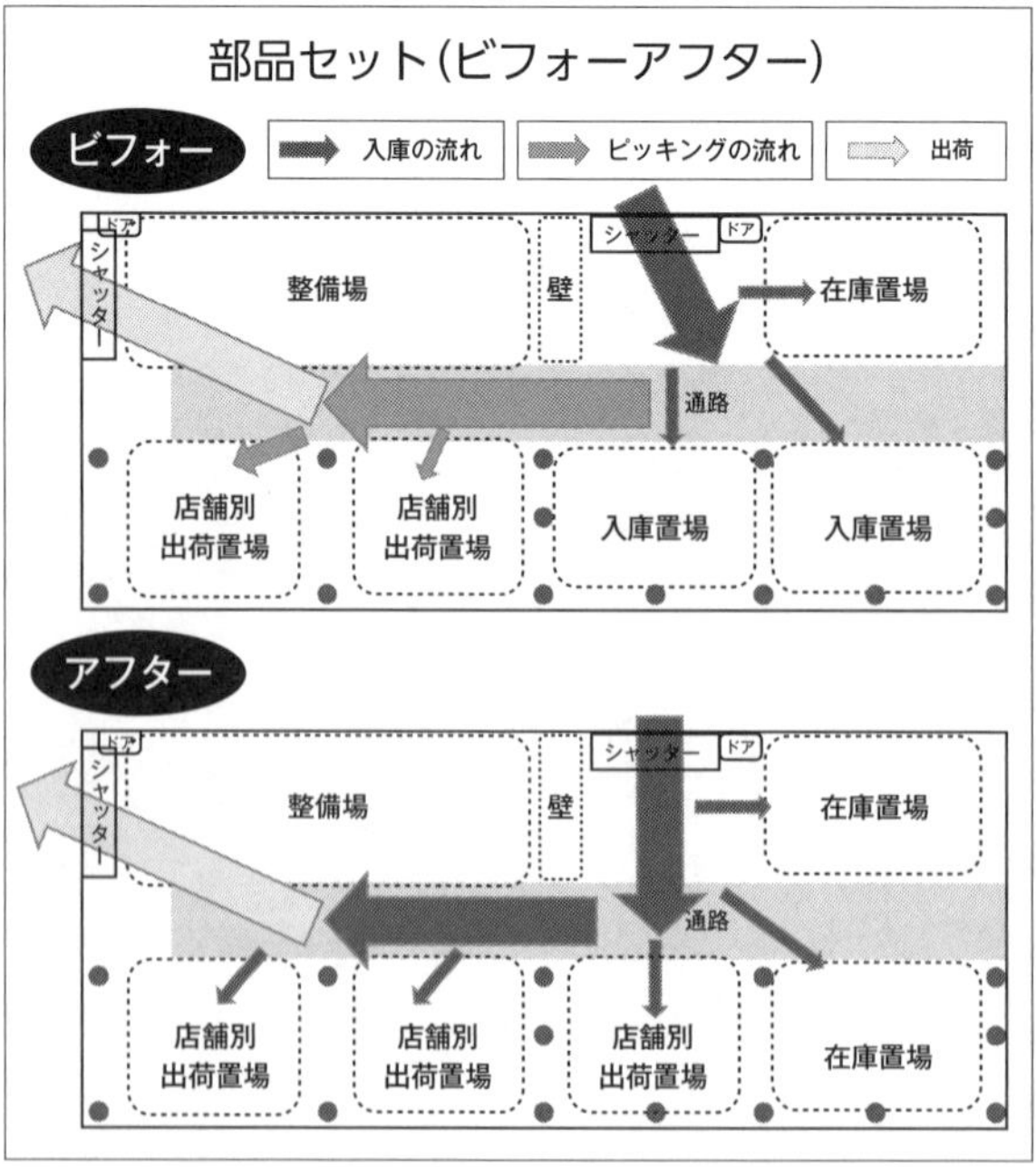

アフター：入庫置き場を廃止、
直接出荷置き場へ
そこで部品をセッ
ト
セット後の機器の
移動をゼロに
cf．部品セット
（ビフォーアフタ
ー）

効　果：7時間短縮、定時退
社に　cf．部品セ
ット・工程短縮（ビ
フォーアフター）

部品セット・工程短縮（ビフォーアフター）

ビフォー		アフター	
入庫　機械を並べる	計1時間	機械を出庫品置き場に並べる	1時間
店舗毎に必要部品をピッキング	計3時間	必要部品を全店舗同時平行でピッキング	2時間
検査	計1時間	検査	1時間
出庫品置き場に移動（2名）	計6時間	削除	0
2店目必要部品ピッキング 〜			
合計	11時間		4時間

事例（2）出荷作業の「能率向上」と「疲労軽減」そして「出荷ミスゼロ」に

金属部品（重量物）の出荷ミスが長年の課題になっていました。そこで「出荷ミスゼロ」を目標に設定し、直接間接の対策が講じられました。

対策：レイアウト改善

ビフォー：作業担当者3人が作業台（1か所）を囲んで作業

（問題点）移動・歩行距離大、歩行が交錯、重量物で身体的負担大

cf．改善前レイアウト

アフター：担当者3人を分散し、担当商品を担当者の周囲に配置

cf．改善後レイアウト

cf．人中心の配置に改善

（効果）・移動、歩行距離削減
・探すムダ削減
・身体的負担軽減　そして、
・出荷ミスゼロに

事例（3）検査工程のレイアウト変更で歩行距離削減

製造現場（生産性倍増の目標設定）の一連の改善の中の事例です。部品の最終検査工程で、レイアウトの改善で25％の時間短縮が可能になりました。cf．検査工程の改善（ビフォーアフター）

対策：レイアウト改善
ビフォー：①測定→②洗油→③投影→④エアーかけの4ヶ所移動
アフター：①測定→②洗油、エアーかけ③投影　　3ヶ所移動
効　果：歩行距離削減、時間短縮
更に、場所の制約を超えて歩行をゼロにできないかの課題が残っています。

このように、ふだん何事もないように行っている移動、歩行のムダが随所にあること、そし

出荷作業のレイアウト改善

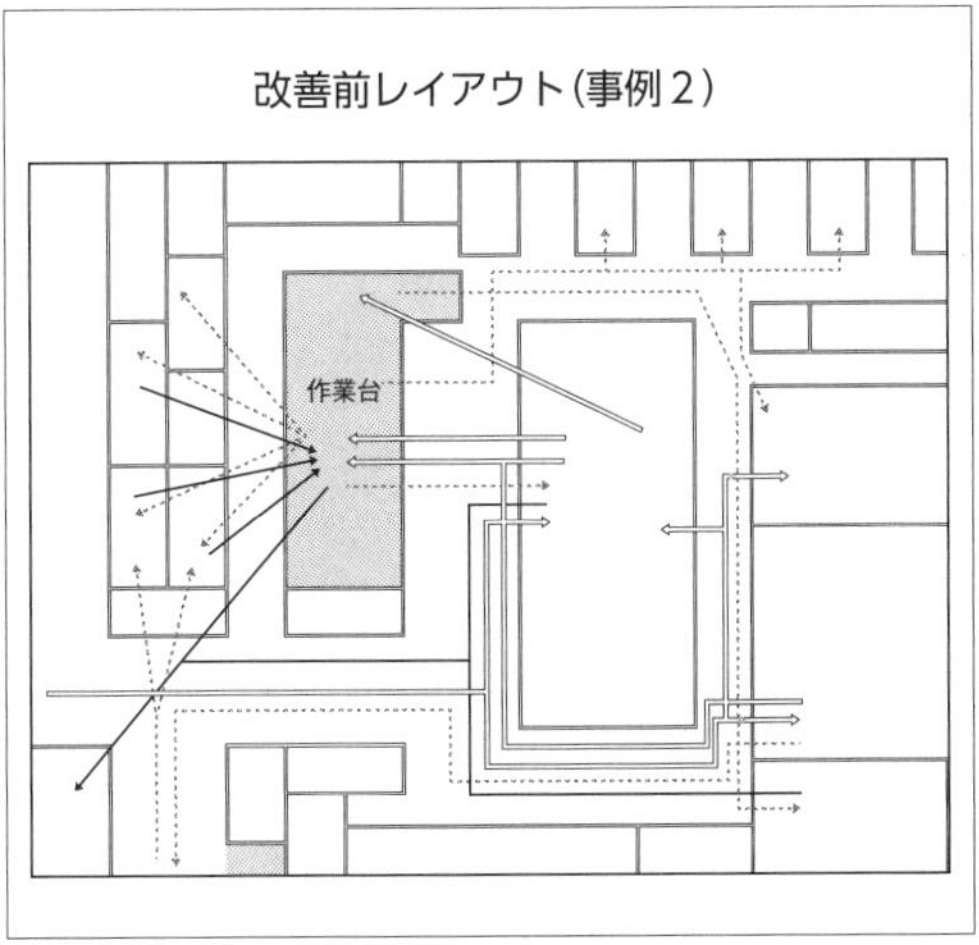

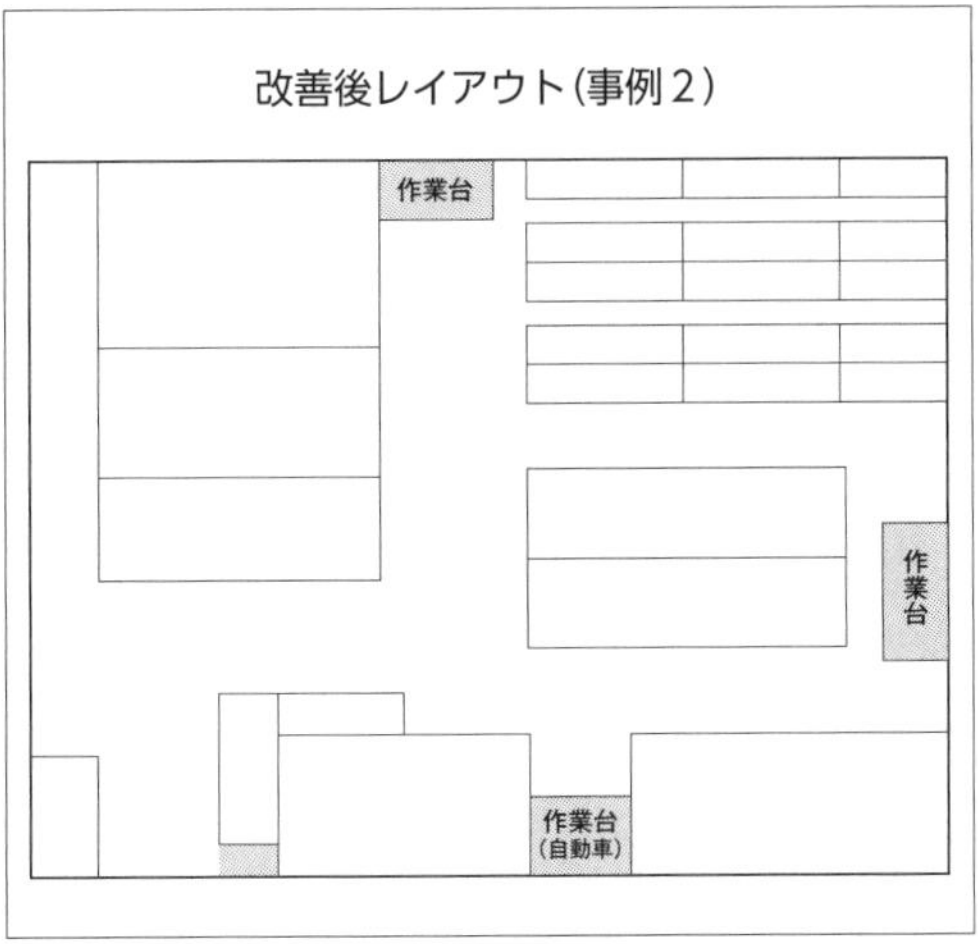

検査工程の改善（ビフォーアフター）

改善前の流れ　SR－１号機

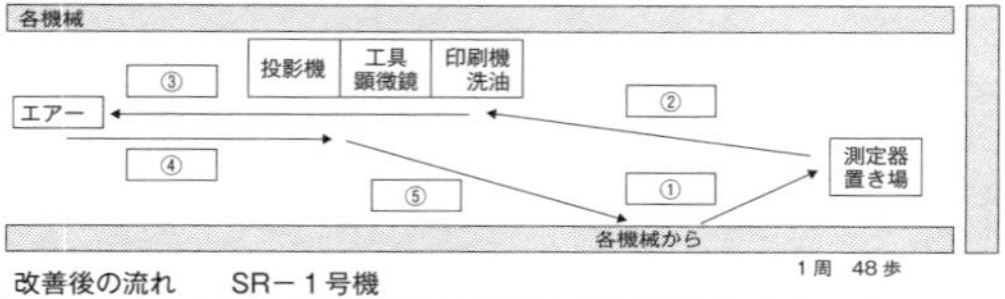

改善後の流れ　SR－１号機

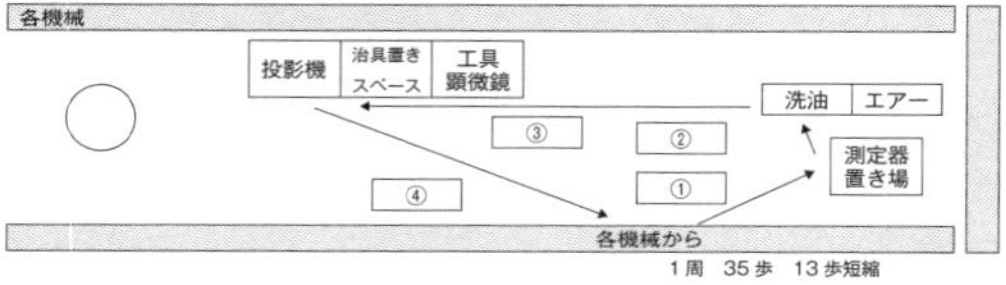

	改善前	改善後	短縮
SR-１号機	48歩	35歩	13歩
SR-５号機	57歩	45歩	12歩
SR-10号機	48歩	36歩	12歩
SR-11号機	43歩	30歩	13歩
計	196歩	146歩	50歩

4機械だけで１回計50歩の短縮

	改善前	改善後	短縮
SR-１号機	30秒	22秒	8秒
SR-５号機	35秒	28秒	7秒
SR-10号機	30秒	23秒	7秒
SR-11号機	26秒	18秒	8秒
計	121秒	91秒	30秒

距離
50歩×（1歩70cm）
=3500cm（35mの短縮）

１回当たり
距離8.75m短縮
時間7.5秒短縮

約25%短縮

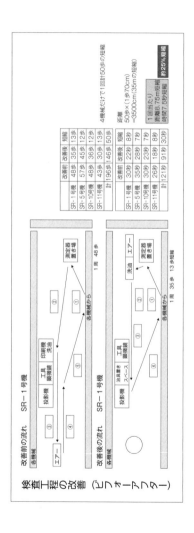

てその改善が驚くほどの成果に結びついた事例を紹介しました。

●教訓

1、ふだん何事もないように行っている移動、歩行のムダが随所にある

2、「生産性倍増」「定時退社」「出荷ミスゼロ」などの目標を設定して初めて〝現状否定〟ができ、改善はそこから始まる

3、歩行移動のムダの改善は、比較的容易で、効果は想像以上に大きい

6 社員の力を120％引き出す仕組みとは　製造部門改革のための目標を設定する

1、不良率の削減

A社の改善活動が始まって僅か半年後の社員活動発表会の席で、会長が、「最近商品の付加価値が高まっている。今日の皆さんの発表を聞いて、皆さんがコツコツと品質の改善努力を重ねてくれている結果だということが良く分かった。ありがとう」

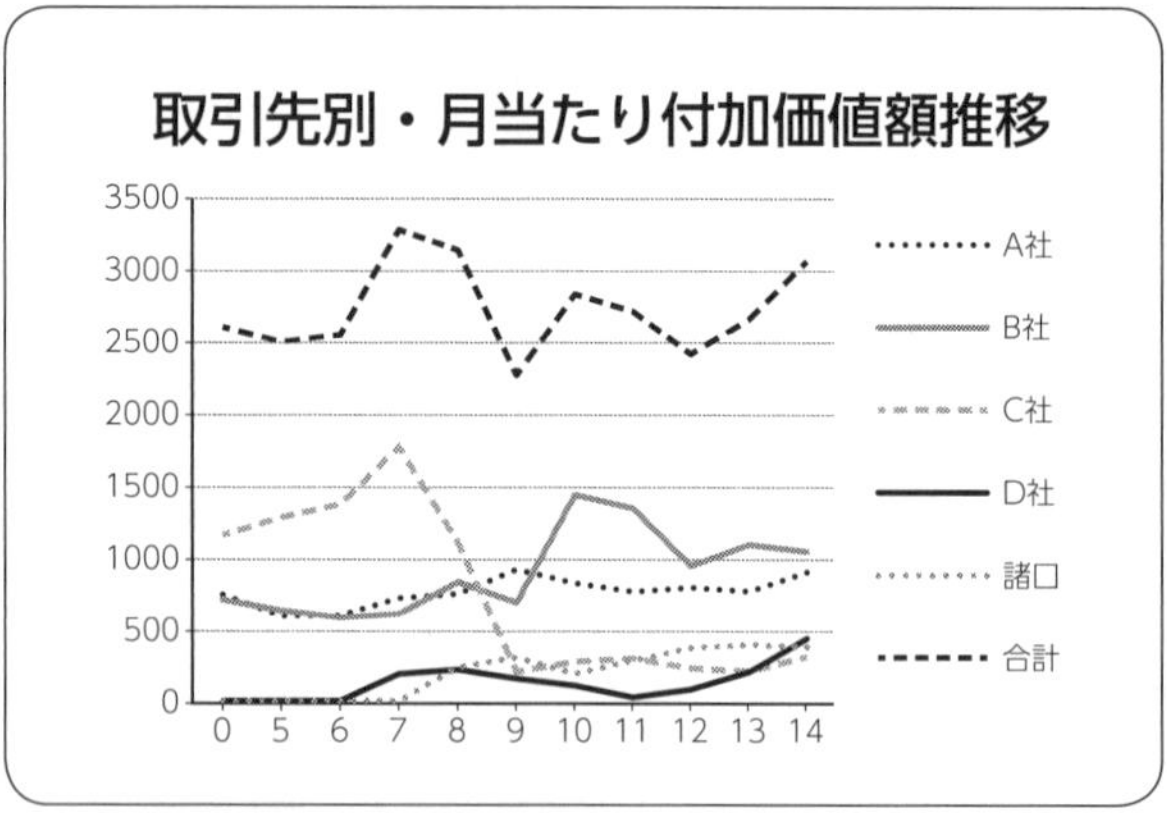

と述べられたことがありました。付加価値推移グラフをご覧ください。

・過去にC社の売り上げが激減したこと

・D社を中心に改善の動きが見え始めたこと

が読み取れます。「不良率削減50％以上」などの目標を設定して、全社で生産性向上の活動を開始し、僅か半年を経過した時のことでした。ちなみにこの会社はその後実質過去最高益を達成されました。

不良品を出すということは、

・材料のロスはもとより

・それに要した時間と費用がすべて無駄になること

更には

・不良品の事後処理に要する時間と費用がかさみ

・納期に支障をきたす等々

会社全体としては膨大な経済的損失を招くことになります。それだけではありません。取引先の信用を失墜することにもなりかねず、取り返しのつかない事態にさえなってしまいます。

製品の品質は、企業の生命線なのです。

2、「不良率80％削減」などの思い切って高い目標を設定する

不良率の削減は、10％削減とか20％削減などの低いレベルで考えるものではありません。1／2（50％）はおろか、1／3とか1／5（80％削減）という思い切って大きな目標を設定すべきです。

事例1、直行不能率10％が5か月目に0・33％に（詳細→16ページ、1A工業・中国工業）

A工業では1年間、社長の陣頭指揮で、直行不能率（工程での手直しやラインアウトを不良に加算する不良率）の改善に向けた現地指導が行われました。然し1年たっても改善されずむしろ表面の不良率は悪化してしまいました。そこで私が2泊3日で現地を訪問して解決策を見出そうとしたものでした。

先ず3月に実施した「品質監査報告書」を品質保証部長に見せていただいたのですが、それは39項目に及ぶ綿密なものでした。然し結果は○が3個、△が17個、×が19個というもので、明らかに改善が思うように進んでいないことを示していました。

加工工程不良率
（6月初期値：10%　12月目標値：5％以下）

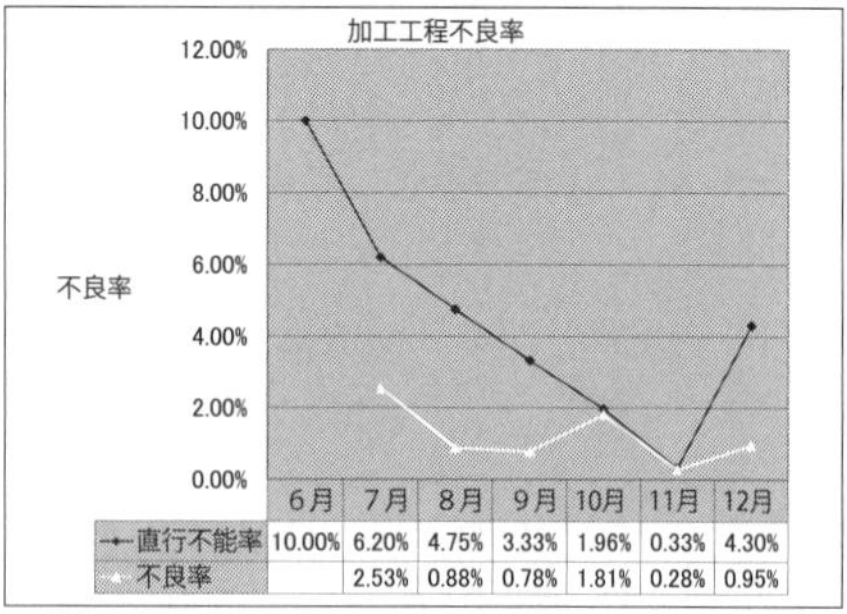

	6月	7月	8月	9月	10月	11月	12月
直行不能率	10.00%	6.20%	4.75%	3.33%	1.96%	0.33%	4.30%
不良率		2.53%	0.88%	0.78%	1.81%	0.28%	0.95%

指導の内容に問題はなかったのに成果が上がってないのはなぜか、それが問題だったのです。

一連の事情聴取を通してその原因を想定し、次の改善計画を提案しました。概要は次の通りでした。

1)不良率（直行不能率）の改善目標を設定する

・品質の現状値（初期値）を調べる

・6か月後の直行不能率の改善目標値を「50％以下」に設定する

・それを達成するための部門毎の行動目標を設定する（全部門参加）

2)2泊3日の滞在期間中に、有効な「アクションプラン」を作成する

・誰が、いつまでに、何をするかを決める

・役割を全員に割り当てる
・達成状況を毎月チェックする方法を織り込む
3)目標達成に向けて全員参加で活動するための準備を計画する
このようにして2泊3日の訪問を終え活動がスタートしました。その結果、現地の熱心な取り組みもあって、目標をはるかに上回る成果を上げることができました。グラフに示すとおり工程直行不能率は、初期値10%から5か月後の11月に0・33%と実に1／30になりました。「直行不能率6か月で50%以下」という目標を設定して初めて、それまでの1年間の指導内容が結実した事例でした。

事例2、クレーム57件が、2か月目に0件に（詳細↓68ページ、G社・重加工業・競争基盤の強化策）

1)先ず現状の整理から
これは重加工業のクレームの発生源を絶った活動の事例です。

現状を調べる過程で分かったのですが、クレームの件数が社長からお聞きしていた件数の約4倍（57件）ありました。

クレームは顧客との信頼関係の根幹をなす問題です。ですからことの大小にかかわらず全てを把握し記録しておくことが先ず必要です。小さな事故や幸いにして大事に至らなかった案件でもその背後にどんな大きな問題が隠されているか分かりません。また、いつかクレームの原因になることもありうるからです（ハインリッヒの法則）。

2)加工技術以外の原因によると思われるものが60％

クレームを整理すると次のようになりました。

①加工技術に関するもの

曲げ不良　22件　39％

溶接不良　1件　2％

②取り扱いに関するもの

キズ、サビ　20件　36％

③事務的間違いに関するもの

14件　25％

ここで注目すべき点は、「取り扱いに関するもの」と「事務的間違いに関するもの」、つまり加工技術以外の原因によると考えられるクレームが約60％を占めていることでした。

3)キズ対策

キズの検討を進めると、そもそも取引先から支給材料を受け入れた時点で材料にキズがあるものがあることが分かりました。又、その他のキズで主なものはクランプ（万力）で材料を掴むときに生じるものでした。そしてこれは材料が重量物である限り当面は避けられないものだったのです。

その結果次の対策が採られました。

①受け入れ時の対策

・支給材料の受け入れ検査を強化し、キズの有無を確認する

・キズがあれば営業部が即座に取引先に連絡をして処置を相談する

②クランプによるキズ対策

・受注時にその旨を伝えて事前の了承を得る

③加工工程でのキズ対策

・枕木（台木）の使い方を標準化し、写真を現場に掲示する

4)加工不良対策（省略）

これらの対策により、早くも活動2ヶ月目の10月にクレーム0件という驚異的成果を生むに至りました。

これは、現状分析によって、取り扱いや事務的間違いによるものが、60％の多きに達していることがわかり、社員の〝やれるぞ〟という闘志に火をつけたことが大きかったと理解してい

ます。

●教訓
不良率の改善は企業の信用がかかった根本的課題である

7 人の指導育成　〝やりぬく社員〟を育てる

1、〝強い会社〟はどこが違うか

〝やり抜く〟ことの重要性はどこの会社でも同じです。強い会社はどんな些細なことでも決めたことがきちんと実行できます。その習慣が会社に定着しているのです。逆に、駄目な会社では不満や批判が渦巻いています。何をするかを決めて着手しないと事は進まないのに、それがないまま怠惰に時だけが過ぎています。自分は何をやればよいのか、社員に「当事者意識」が欠如しているのです。

「強い会社はどこが違うか」（ローレンス・ホートン著）という本の一節を紹介します。

ある研究グループが大企業１６０社を詳しく調べた。

その目的は

１、一部の企業が常に、競合他社よりも良い成績を上げているのはなぜか

２、マネジメントの指導者や専門家によって唱えられている数百の戦略や戦術のうち、本当に差異を生み出すのはどれか？

の答えを得ることだった。

研究グループは、１６０の企業の10年間の業績を分析した。

各企業の２００強の重要な戦術と戦略計画を付き合わせた。10年間の業績と、人気のある全ての経営手法の中で選択された戦略を調べることによって、因果関係を明らかにした。…

調査の結果は関係者全員を驚かせた。「集権化、分散化などの戦略は殆ど影響を与えない…統合業務システムや顧客関係管理の導入も同様である。」「はるかに強い影響を与えるのは、選択したものを完全に実行することなのだ。」…「企業が下した決定の半分は、２年以内に失敗する。…それは景気後退や予期せぬコストの上昇などのコントロールできない原因や外部要素によるものではなく、実行行為の欠如という単純な原因による。」

私の経験を紹介します。一つの分工場で品質や納期が乱れて、営業は取引先の信頼どころではなくとても販売活動ができないと訴えていました。この工場では残業も異常に多く、社員の退職も多くてなかなか定着しない、従っていつも仕事に不慣れな新人が頼りという状態でした。どこから改善するか、どこに着眼するかが問題でした。そして何があろうと現状を打開することが求められていました。

はじめは、生産性向上の目標を掲げて改善活動がうまくスタートしたように見えたのですが、一つ改善しても後が続きません。現場からは新人ばかりで不慣れな社員が多いので、新人の教育を最優先して改革改善はその後にしたいとの意見が提示されました。社員の半数以上が新人という状態だったので一旦は現場の意見に妥協して教育の成果を待つことにしました。然し、状況は一向に改善しませんでした。

そこで教育は日常活動の中で行うこと、改革改善の活動は同時並行して行うこと、そのために速やかに生産性向上の目標を設定することを提案したのです。

ちょうどそのころ生産技術の現場経験のある技術社員が入社し、その活躍もあって現場の改善が一気に進みました。改善が進むにつれて製造現場の環境も整備されていきました。そして3年目には、品質や納期が正常を取り戻したのです。現状を変えなければ何も変わらないとの強い思いで、優先的に改革に取り組んだ結果でした。

また、改善が進むに伴い、社員の退職は止まり、工場長以下幹部社員が部下管理を実戦的に勉強する機会にもなったのです。工場長が部下管理が苦手だと言っていたことを考えると、工場長の成長は他に代えがたい大きな収穫でした。

多忙を押して改革を優先した結果（すぐやる）、それを通じて社員の成長や士気の向上をも実現した事例でした。

３、「ＰＤＣＡ」を回す仕組みを作る

実行力のある会社にする、そして実行力のある社員を育成するためにはどうすればよいのか、それは「Ｐ（計画）→Ｄ（実行）→Ｃ（評価検討）→Ａ（修正）」を回す仕組みを会社に作ることです。然し、「ＰＤＣＡを回す」ことの必要性は理解していても実際にそれが回っている会社はあまりないのが実状ではないでしょうか。〝どうすれば「ＰＤＣＡ」を回せるのか〟それが問題です。

それは、計画作成時に、いつ、どのようにして評価検討するか、「Ｃ（評価検討）」の方法を計画することです。毎年年頭の方針を発表しているが達成したためしがないとよく聞きますが、その主な原因は「Ｃ（評価検討）」がなされないことではないでしょうか。計画の立てっぱな

しにならないよう、必ず時期を決めて評価検討を行うことが〝強い会社〟に通じます。「PDCA」を回すことが〝強い会社〟をつくり、同時に〝やり抜く社員〟を育てます。

●まとめ
1、「PDCA」を回せば、社員が育ち会社が強くなる
2、「PDCA」を回すには「C」を確実に行うことである

8 人の指導育成　育てる目で部下（社員）を見る

1、〝厳しく怒る〟が上司の仕事か？

物事は、それを見る角度や視点によって姿を変えます。会社に於ける幹部（以下上司と呼ぶ）の部下を見る目も同じです。

厳しく叱責するために部下の間違いや欠点に注目する見方と、部下の長所は何かと〝育てる目で部下を見る〟のでは、動機は同じでも結果は全く逆になります。

こんな事例がありました。社長は創業者として一代で事業を立ち上げ立派な中堅企業に育て上げました。然し、社員が育ちません。現場の作業員は東南アジアの研修生が中心で、管理職は親族のみでそれ以外の管理職が短期で離職して定着しないのです。

それでも創業社長は仕事を隅から隅までよく知っているので経営は維持できます。然しそれでいいでしょうか。人が育たない状況ではそれ以上の発展は望めません。更に社長退陣のあとの事業継承も保証の限りではありません。

なぜそうなるのか。それは社長が社員を信頼していないことにありました。社員を見る目が、「おかしなことをやっていないか」「ミスはないか」など、社員が間違いを起こさないようにとの視点で見ていたのです。そして、ミスがあると声を荒げて怒っていました。

社長の務めは社員を厳しく指導すること、そして怒ることと心得ていたのでした。

2、〝厳しさ〟とは

〝失敗が人を鍛える〟〝厳しさ〟とは、ただいたずらに失敗を咎め厳しく怒ることではありません。それでは人は会社を離れ優秀な人材を確保することは難しいのではないでしょうか。まして人手不足の昨今です。

社員は設定した目標を達成して会社に貢献したいと思っているのです。本当の〝厳しさ〟とは、社員に「あきらめるな」と、目標を達成するまで努力を続けさせる為の厳しさではないでしょうか。〝頑張れ〟〝挫けるな〟と叱咤激励することではないでしょうか。社員は、自分の成長のための〝叱咤激励〟と理解した時に初めて、たとえそれが過酷な叱責であっても〝愛の鞭〟と受けとめて信頼に応えるべく努力を続けるのだと思います。

上司の務めは時に厳しいことがあったとしても、いたずらに失敗や間違いを咎めるのではなく、目標達成の為の〝叱咤激励〟であるべきです。

3、育てる目で部下を見る ― 意欲ある限り人を育てる ―

〝育てる〟という目で部下を見ること、或いはどこか良い点はないかという目で見てみると、見えるものが違ってきます。私の会社勤務時代やコンサルテイングを通じた経験を紹介します。

事例1

よく失敗をしては部長に怒られている若い社員がいました。然し、彼は怒られても怒られても悪びれることなく、寧ろ明るい笑顔さえ浮かべて仕事に熱心に取り組んでいました。私はそれを見ていて、彼に何とか成長の機会をつかませたいと思っていました。

そして私が部長に就任したのを機会に、彼を新しい商品の配送業務につかせたのでした。ミスをしたら何よりも取引先に迷惑をかけ怒られる立場でした。私が叱るまでもなく先に取引先に叱られるので、自ら正確に仕事を処理するよう努力注意することを期待したのです。狙いは見事にかなえられました。そして、仕事を正確にこなせるようになっただけでなく、予期せぬ副次効果があったのです。

当時はコンピューター開発の初期段階でしたが、コンピューターの採用が物流業務から始まったのです。彼はそのコンピューターに俄然興味を抱き、積極的に採用を進めていきました。そして遂には、会社全体のコンピューター導入に関する講師を務めるほどに成長したのでした。いくら怒られても挫けることなく、常に正面から仕事に取り組む一途な姿勢に期待して成功した事例でした。

事例２

私の事業部長時代に、事業部で不良問題が発生した時のことです。品質の改善に事業部を上げて努力して、ようやくその成果が上がってきたときのことだっただけに大変残念なことでした。

関係者が集まって検討会議を行い、原因は現場の作業員が独断で作業条件を変更したことだということが明らかになってきました。しかも、そのことを隠すために作業指示書を書き直して元に戻した形跡があったのです。担当の製造課長が会議のメンバーから「作業指示書を改ざんしているではないか」と厳しく追及される羽目になりました。製造課長は顔面を紅潮させながら必死に批判に耐えている様子でした。

結論が見えたところで、私が次のように発言して会議を終わりました。

「原因は担当者が作業条件を独断で変更したことにある。作業条件の変更は条件を決めた時の手続きを踏んで行うのが正しい。この際、関係部門ではそのことを徹底していただきたい。生産技術部は、作業条件の変更の必要性を早急に検証してほしい」

「然し、私は担当者の善意を信じたい。今製造部は、生産性向上運動に熱心に取り組んでいてその成果が上がっている。当該の作業者は、その趣旨に沿って善意で作業条件の変更を行ったのに違いない」

後日聞いたところによると、その現場担当者は自ら夏休みを返上して作業条件の検証と確認にあたったとのことでした。

失敗を犯した担当者の動機は善意ではなかったのかと、そのことをこそ大事にしたいとの思いが通じた嬉しい事例でした。

事例３

部品加工会社の支援をしたときの事例です。

社長に、現場の製造課長を係長に降格したと聞きました。理由は、管理職としての意識が不足しているとのことでした。社長がそのことを本人にどのように伝えられたかはわかりません。然しその係長はその後も現場の改善にもくもくと取り組んでいました。

そして支援最後の下期のスタートに当たって、設備の稼働開始を９時間早めるという意欲的な計画を発表したのです。計画はなかなか進みませんでした。然し、計画の最終月に朗報が届きました。９時間改善の目標に対して、なんと11時間の改善を達成したのです。

訪問日の前々日、社長から異例のメールが届きました。そこには「Ｔ君が素晴らしいことをやりました」と記されていました。社長の喜びが格別のものだったことが伝わってきました。そして私は、係長への降格が社長の〝愛の鞭〟だったことを察しました。

感動的で強烈な印象を受けたことを忘れることはできません、今Ｔさんは、工場長として活躍しておられるとお聞きしています。

●まとめ
1、厳しさとは〝目標に向かっての厳しさ〟
2、育てる目で部下を見ると、〝良い面〟が見えてくる
3、意欲ある限り人を育てる

9 人の指導育成　創業支援は難しい、カギは行動と人脈

北大阪商工会議所短期（6ヶ月）コンサルティングでの創業支援の事例を紹介します。アメリカ製健康食品の販売業を2016年1月に創業された女性起業家の創業支援の事例です。支援開始（2016年8月）後2017年1月まで、なかなか成果が上がらず、紆余曲折を経て2017年5月に意外な形で花が開きました。

次に経過の概要を紹介し、読者の批判に供します。

1、2016年8月2日（第1回事前訪問）

（それまでの営業活動）
代理店数　4社　大阪2社、東京1社、静岡1社
協力者　23名　大阪、京都、名古屋、愛知
経営状態：売上微小　経費倒れの赤字
（提案）
①効率化のため活動を「地元」に絞る
②アクションプラン（以後A／P）を作成する
イ、目標設定
ロ、目標を達成する為の具体的行動計画
ハ、ターゲットを絞り、地域NO．1を狙う
　例：枚方でNO．1　代理店5社開拓
　　美容商品で5社開拓
　　健康食品で5社　等々

2、10月25日（2回目訪問）進展なし

Ａ／Ｐを再検討

①単純な目標設定に修正

・パートナー獲得　５件

・顧客獲得：70名　初期値（開始時）20名

②目標達成の為の具体的対策立案を次回までに

以後、毎月訪問時にＡ／Ｐに基づいて実績を検討

3、11月15日（第3回訪問）進展なし

13日（前々日）メール受信

「この１ヶ月弱、全く進展がなく営業でかなりつまずいています」を受けて次を助言

①〝営業活動の進め方の基本〟について資料提供

ｅｘ：・新規開拓６つのポイント

・良質な顧客接点を作る　等々

②得意技と知識を生かしたセミナーの実施を提案

「健康寿命の伸長」は、大きな政治課題

枚方市など自治体に提案する
（その後本人からメールで次の回答あり）
12月までに自治体に提案してみます。
・予防医学セミナー〝健康寿命を延ばすために〟
・糖質制限セミナー
・医療費問題と健康維持　等々

4、12月20日（第4回訪問）

友人との接触を図るなどようやく行動開始
本人の長所（強味）「幅広い活動と人脈」が見えた
（助言）
①本業を明確に絞る（散漫にならぬよう）
②婚活その他、得意分野の幅広い仲間を「核」に営業の輪を広げる
③講演会の提案等計画は勇気を出してトライ（ダメ元）

5、1月31日（第5回訪問）

前日30日メール受信

「収益が上げられていないことで、苦しんでいます。なにより気持ちが落ち込んでしまって…」

（助言）

〝創業に苦労は当然。乗り越えてこそ道は拓ける〟

・悩みの原因の一つは、薬事法の制限で「薬効」の宣伝が困難なことだった

（提案）

〝毎年商品の売上げが伸びている事実〟を訴えてはどうか

※その後営業活動がやり易くなり、2月頃から僅かながら成果が見えてきた

6、3月28日（最終回）

「自分史企画編集」という創業活動の中で、それとは別のＬＥＤ照明器具販売の機会を捉え「自分史」から転向して成功された事例を紹介。それがヒントになってネット広告代理業に進出、「5月、6月売上各４００万円」「営業職７０００人中1位獲得」と見事に創業の基盤を築いた。「人脈」と「自分の強み」を生かした結果だった。

●教訓
・創業成功のカギ
・諦めない
・行動第一
・人脈と経験が道を拓く

10 〝仕事の与え方〟で生産性が上がる

1、仕事は〝塊（カタマリ）〟で与える

〝部下にもっと仕事をしてほしいのに、なかなか思うようにいかない〟と相談を受けたことがあります。

然し、部下に聞いてみると、〝次に何をやったらよいのかわからない〟というのです。一体何が問題なのでしょうか。

実は仕事の与え方の問題でした。仕事の与え方が、今度はこれ、次はあれ、というように細切れだったことに原因がありました。仕事を与えるときは、

・〝塊（一定の責任範囲）〟で与える、或いは

・それによって得られる一定の成果を求めることが肝要です

それで初めて部下は、やり甲斐を感じ、計画的且つ積極的に取り組むことができます。創意が生かされ自主性が発揮されます。そして何よりも部下が成長します。

その時大事なことは、

・部下の失敗を恐れないこと

・部下が失敗したら上司がカバーする覚悟を決めることです

失敗よりは、それによって得られる部下の成長の方がはるかに大きいのではないでしょうか。

2、部門にまたがる課題を与える

H社で製造現場の商品の取り違えが原因でトラブルが発生しました。こんな時、社員に注意を促し意識を徹底するよう呼び掛けるだけで終わってはいないでしょうか。然しこれでは再発防止が保障されたとは言えません。

H社では根本原因が現場の部材管理にあるとして、現場の整理整頓を会社全体で進めること

にしました。そして、目標を次の通り定めました。

・現場には完成品を一切置かない
（現場は倉庫ではない、仕事場である）
・全社で不要物を一掃し現場にある完成品の置き場を確保する
・物の「置き場所」「置き方」「表示の仕方」を工夫して、決して取り違えのない部材管理を確立する

実はH社ではすでに4S（整理、整頓、清潔、清掃）を導入し現場の改善を進めていたのですが、製造の課ごとの活動になっていたので製造部全体或いは会社全体を見渡すと改善の余地があったのです。

今H社では、新たに選任された全社統括リーダーの下で、完成品を現場から移動させるべく徹底した不要物の除去に取り組んでいます。そしてこの活動を通じて、次の2点が浮き彫りになりました。

①改善は組織横断的に行うのが良い
問題の多くは部門間にまたがって存在しています。整理、整頓にしても然りです。課ごとに

行っていたことを　製造部全体或いは全社的に統一することで成果はぐんと上がります。例えば次の通りです。

・不要物を経営の視点で処分する
・色、箱などの使い方を全社で統一する
・表示の仕方を全社で統一する

②組織横断活動が人を育てる

前述の選任されたリーダーの立場を考えてみて下さい。通常は所属する課で、与えられた自分の仕事を行えばよいのですが、この活動では製造部全体、或いは会社全体を見て活動することを求められています。

つまり、この件に関しては部長の立場で、時には社長の立場で活動することになります。通常よりはるかに広い視点が求められ、広い範囲の仕事を理解することができます。人の育成、後継者の育成に有効な所以です。

11「人手不足」と「働き方改革」は生産性向上で—

1、スピード第一

報告、連絡、相談（ホー・レン・ソー）とは言い換えれば〝情報〟の伝達を意味しています。情報の伝達先は情報を待って行動を起こしますからそれは速いほどよく、情報の遅れは即仕事の遅れを意味します。

情報が計画の取り消しや修正を求めるものであれば、猶更スピードが必要です。必要な情報は素早く伝達して、先ず人が動けるようにすることが仕事の成果を上げるためには極めて重要です。

同時に、だれに伝えるかも重要なことです。特に「連絡」は案件によって相手や関係先が違います。漏れがないことが大事です。そのためには、日頃から案件ごとに関係先を整理しておき、必要な時に即座に関係先が思い浮かぶようにしておく事が大事です。

「聞いていた」とか「聞いていなかった」とかのトラブルがないようにしたいものです。

2、スピード（迅速）が信頼を高める

会社経営で最も重要なことは、

・会社の目標達成のために
・全部門、全社員が
・一致協力し、一体となって努力する体制
をつくることではないでしょうか。

田原総一朗氏が、松下幸之助氏に会って特に印象に残っている言葉として次のことを紹介しています。

「経営者にとって大切なことは、従業員のモチベーションを高め、従業員をやる気にさせる事だ」

　私はそのカギの一つが
・緊密なコミュニケーション
であると考えています。

米国の経営トップ１５００人に対するある調査で、「なぜ成功できたか」との質問に「コミュニケーションを勉強したから」と回答をした人が72%あったとのことです。

コミュニケーションは、人をつなぎ人をまとめる絆の役割を持っています。それが遅れると不信感にもつながります。即答の難しい時でも、とりあえず一報することが重要です。
・中間報告や

ホー・レン・ソー

（ホー・レン・ソー上手は仕事上手）

	報　告	連　絡	相　談
スピード	悪い報告ほど早く 経過報告も必要	迅速第一	悪い相談ほど早く
相　　手	指示者 依頼者	連絡先はどこ	上司、友人 権威者、関係者
要　　件	正確 ５Ｗ１Ｈ	正確・確実	問題点整理 Yes　Noで応えられるように
機　　能 効　　果	報告で完結する	連絡で関係者が始動する	理解を深める 信頼強化

・いつまで待ってほしいなどの連絡があると相手は安心しますし、それなりに仕事の段取りをつけることもできます。そういう努力が信頼を高めることにつながります。

３、即断即決

曖昧なまま放置していては部下の信頼は得られません。まして前述のように部下のモチベーションを高めることはできません。

即断即決を阻むものは何でしょうか。

・その意思がない

思い切って即決してみて下さい。その時の情報で最高の判断をすれば多くは間違いはないものです。判断を延ばしたら延ばすだけ思い出すのに時間がかかります。周りも冷めてしまうでしょう。

まず行動、即断してみて下さい。

・判断に必要な情報が不足していて判断できない

判断に必要な情報が明らかに不足しているときは何が不足しているかを明確にして期限を決めて保留することが大事です。

・判断の尺度が不足

日頃から積極的に経験を積み重ねることによって判断の尺度を豊かに保有することが大事です。

ホー・レン・ソーの要点をまとめましたので参考にしてください。

おわりに

この度、幻冬舎様の強い支援を得て小著出版の機会を得ましたが、その発端になったのは連載100回記念集でした。

約10年前に、(NPO法人) 北大阪経営支援マスターズ理事の佐々木一善氏に北大阪商工会議所所報〝NORTH〟への連載を勧められ、爾来「事例に学ぶ」と題して、主として私のコンサルティングの経験の中から具体的な成功事例を紹介する機会を得ました。これが縁となり、昨年10月に連載100回を迎え、長年支援してきました (合同会社) アイ・シー代表の鹿間朋子氏のご好意で「生産性向上はこうする」と題して100回記念集を刊行することになりました。

記念集には、元三洋電機代表取締役、井植基温氏や、北大阪商工会議所の木村容千専務理事に推薦文を寄稿いただくなど大変お世話になりました。また、支援した会社をはじめ多くの友人知人から歓迎や賛意、あるいはご支援の声をいただきました。ここに心より厚くお礼申し上げます。

そしてこの度、図らずも幻冬舎ルネッサンス新社の佐藤大祐氏の目に留まり、幻冬舎ルネッサンス新書出版に向けてご尽力いただくことになりました。

時あたかも〝働き方改革〟が推奨され、時代のニーズに対応していることがその理由の一つだったと理解しています。〝真の働き方改革〟を実現するためには、その前提としてそれを可能にする生産性向上が求められます。そのような要請に応じて、生産性向上の進め方に関する理論的指導書が多数刊行されているのは歓迎すべきことと思います。

然し一方、理論書はあっても生産性向上を具体的にどう進めるか、その「具体的な事例集」はあまり見かけません。多くの企業の中でも特に全国に約360万社ある中小企業では、生産性向上の必要性は理解してもそれをいかにして実現するか、その方途が分からないで困っておられる企業が多いのではないでしょうか。この小著はそのような要請にこたえる意味で新しいヒントを提供できるのではないかと思います。

この小著が、全国の企業、特に中小企業にとって、〝真の働き方改革〟実現に向けた手引書として一社でも多くの皆様に貢献できることを切に願っています。

最後に、記念集１００の事例を、利用し易さを求めて、格別意義の深い事例を厳選して半分に絞り込み、更に細部の編集に労を尽くされた幻冬舎ルネッサンス新社編集部にお礼を申し上げます。

またお世話になりました関係者の皆様にも改めてお礼を申し上げます。

令和二年六月

平石経営研究所代表　平石奎太

平石奎太(ひらいし　けいた)　略歴

平石経営研究所代表　経営コンサルタント
(元)大阪府指定出資法人評価等審議会委員

1959年　東京大学法学部卒業
1959年　三洋電機株式会社入社
　・冷蔵庫国内営業部統括部長
　・冷凍機事業部長
　・株式会社三洋スカイリゾート社長
1995年　三洋電機退社。経営コンサルティングに従事

<著書>
・『三洋電機事業部改革・感動の軌跡―折り重なって前へ行け』
・『「買いたい」をつくる―成功マーケティング実例―』〈共著〉
・その他執筆多数

生産性向上《せいさんせいこうじょう》はこうする

2020年6月25日　第1刷発行

著　者　平石奎太
発行人　久保田貴幸

発行元　株式会社 幻冬舎メディアコンサルティング
〒151-0051　東京都渋谷区千駄ヶ谷4-9-7
電話　03-5411-6440(編集)

発売元　株式会社 幻冬舎
〒151-0051　東京都渋谷区千駄ヶ谷4-9-7
電話　03-5411-6222(営業)

印刷・製本　中央精版印刷株式会社
装　丁　荒木香樹

検印廃止

ISBN978-4-344-92877-0 C0034
幻冬舎メディアコンサルティングHP
http://www.gentosha-mc.com/